"Este libro está lleno de enseñanzas [...] ue le ayudarán a entender la gracia de [...] va y a recibirla verdaderamente en su [...]
—Joyce Meyer, maes[...] *ers*

"Necesitamos comprender que la gracia es más que un concepto... es lo que impulsa nuestro ser y la verdad que necesitamos tener arraigada profundamente en todos los aspectos de nuestras vidas. Gracias pastor Robert por recordárnoslo".
—Dr. Henry Cloud, psicólogo y autor de *best sellers* del *New York Times*

"Que Dios bendiga este libro y a todos los que lo lean con una nueva percepción de su gran gracia".
—Max Lucado, pastor y autor de *Esperanza inquebrantable*

"¡Me alegra mucho que mi querido amigo, el pastor Robert Morris, se haya tomado el tiempo para explorar cuidadosamente las múltiples facetas de la gracia y exponer su maravilla!".
—John Bevere, autor de *best sellers* y ministro, cofundador de Messenger International y MessengerX

"La gracia de Dios es lo único que nos libera de nuestros miedos y temores, incluso de las cargas autoimpuestas. Y nadie mejor que Robert Morris para describir las alegrías de esa libertad en cada intrincado y hermoso detalle".
—John C. Maxwell, autor superventas del *New York Times*, entrenador ejecutivo, pastor y conferenciante que ha vendido más de 37 millones de libros en 50 idiomas

"¡No nos definimos por lo que hagamos por Dios, sino por lo que Dios ya hizo por nosotros! Mi pastor y amigo, Robert Morris, presenta el caso bíblicamente fundamentado de que —en definitiva— todo se trata de la gracia de Jesús, punto. Cuando abrazamos esa gracia, podemos llenar la tierra con la gloria de Dios. Este es un libro determinante que hay que leer, que hay que poner en práctica, que hay que compartir, que hay que vivir".
—Rev. Samuel Rodríguez, pastor principal de New Season, presidente ejecutivo de la NHCLC, autor de *Usted es el próximo*, y productor ejecutivo de *Breakthrough* y *Flamin' Hot*

"La asombrosa gracia de Dios, muchas veces, es mal entendida, menospreciada o mal aplicada. En *Gracia, punto*, Robert no solo revela la belleza y la perfección de la gracia divina, sino que nos muestra cómo disfrutar la vida abundante que Jesús vino a darnos. Este libro ayudará a todo creyente a vivir en libertad y a florecer en la vida".

—Christine Caine, fundadora de A21 y Propel Women

"Uno de los himnos más amados se titula 'Maravillosa gracia' y, sin embargo, ¿cuántos lo han entonado sin comprender realmente lo que hay de asombroso en ella? En esta obra, el pastor Robert le lleva en una travesía en la que le guía y le invita a encontrarse con la gracia cara a cara, a verla en toda su plenitud, para que deje de ser una letra que simplemente canta y se convierta en una realidad que abrace con pasión. Verá lo dulce que es el sonido... de la gracia que usted constituye".

—Charlotte Gambil, conferenciante internacional y autora

"Claro y convincente. Desafiante y fortalecedor. En *Gracia, punto*, el pastor Robert brinda un instructivo para vencer la tiranía de la vergüenza y el esfuerzo propio con el fin de descubrir la vida abundante por la que Dios envió a Jesús a la cruz. La gracia que nos conduce al cielo es la misma que nos lleva cada día de la semana, y este libro cumple una labor magistral para ayudar a los lectores a descubrir esa gracia".

—Louie Giglio, pastor de Passion City Church, autor
de *No le des al enemigo un asiento en tu mesa*

"El libro del pastor Morris estremece todo lo que hemos pensado sobre la gracia. Su definición de la palabra amplía y reitera lo que significa recibir el don de la gracia de Dios para todos los creyentes".

—Nick Vujicic, fundador de Life Without Limbs, siervo del Altísimo

GRACIA.

GRACIA, PUNTO.

Viva la extraordinaria realidad
de la obra terminada de Jesús

ROBERT MORRIS

CASA
CREACIÓN
Para vivir la Palabra

Para vivir la Palabra

MANTÉNGANSE ALERTA;
PERMANEZCAN FIRMES EN LA FE;
SEAN VALIENTES Y FUERTES.
—1 Corintios 16:13 (NVI)

Gracia, Punto por Robert Morris
Publicado por Casa Creación
Miami, Florida
www.casacreacion.com
©2008-2023 Derechos reservados

ISBN: 978-1-960436-38-2
E-Book ISBN: 978-1-960436-39-9

Desarrollo editorial: *Grupo Nivel Uno, Inc.*
Adaptación de diseño interior y portada: *Grupo Nivel Uno, Inc.*

Publicado originalmente en inglés bajo el título:
Grace, Period.
Faith Words,
Hachette Book Group
1290 Avenue of the Americas, New York, NY 10104
Copyright © 2024 por Robert Morris
Todos los derechos reservados.

A menos que se indique lo contrario, los textos bíblicos han sido tomados de la Santa Biblia, Nueva Versión Internacional® NVI® ©1999 por Biblica, Inc.© Usada con permiso.

Nota de la editorial: Aunque el autor hizo todo lo posible por proveer teléfonos y páginas de internet correctos al momento de la publicación de este libro, ni la editorial ni el autor se responsabilizan por errores o cambios que puedan surgir luego de haberse publicado.

Impreso en Colombia

24 25 26 27 28 LBS 9 8 7 6 5 4 3 2 1

CONTENIDO

EMPIECE AQUÍ

Es gracia... punto.

El encuentro comenzó con sorpresa y una alegría desbordante pero, de repente, dio un giro brusco sin previo aviso, desviándose hacia un territorio extraño. En cuestión de minutos, pasamos de un mutuo deleite a la incomodidad. Algo que había esperado con impaciencia —algo precioso y sagrado para mí— repentinamente se vio empañado. Permítame retroceder unos pasos y explicar lo que —aquel día— convirtió rápidamente mi alegría en decepción.

Hace unos veintidós años, como pastor —relativamente— joven de una iglesia reciente, vi publicado mi primer libro. En aquel momento, no podía ni soñar cómo utilizaría Dios *Una vida de bendición* para ayudar, animar e inspirar a la gente. Dios sopló sobre mi humilde ofrenda como solo él puede hacerlo. Al principio, autopublicamos el libro después de que nos animara nuestro viejo amigo James Robison. Cuando James presentó *Una vida de bendición* a su considerable audiencia televisiva de *Life Today*, toda la primera tirada de treinta mil libros se agotó. Pronto se hizo una segunda impresión y luego una tercera. Con el tiempo, el libro pasó a manos de una editorial convencional, por lo que muchos cientos de miles de ejemplares llegaron a manos de creyentes en todo el mundo. En los años transcurridos desde entonces, han aparecido versiones adicionales de diversas fuentes y en distintos formatos. Después de más de dos décadas, me sigue maravillando que —año tras año— siga llegando a manos de creyentes en grandes cantidades.

Escribí *Una vida de bendición* con un objetivo: ayudar al pueblo de Dios a descubrir la maravillosa y festiva alegría de la generosidad. No "dar para recibir", sino dar con un corazón puro lleno de gratitud por la salvación en Cristo. Dar porque nunca nos parecemos más a nuestro Padre celestial que cuando lo hacemos. Dar porque tenemos libertad para ser generosos con la redentora seguridad de que, sencillamente, no podemos superar a Dios. En ese libro no vertí teoría ni abstracta teología, sino experiencias reales y vividas con Dios. Lo fundamenté en el testimonio de lo que mi esposa —Debbie— y yo presenciamos en nuestra larga travesía imitando a nuestro extraordinario y generoso Dios.

Sí, había mucha Biblia en *Una vida de bendición*, pero lo que cautivó la imaginación de tantos fueron nuestras historias reales. Relatos de las veces que vaciamos nuestras cuentas bancarias para seguir un impulso del Espíritu Santo y ayudar a alguien. Historias de las veces que regalamos autos ya pagados. Y hasta ¡una casa! Contamos estas anécdotas para dar testimonio de la fidelidad divina, no para presumir. Fue Dios el que nos concedió la revelación de la generosidad y la pasión para dar. Y fue Dios quien mostró su fidelidad no solo para satisfacer nuestras necesidades sino también para bendecirnos de manera extravagante cuando lo hacíamos. Lo que me lleva a la reunión que mencioné en la frase inicial.

Hace años, Debbie y yo conocimos a una mujer que había estado luchando en muchas áreas de su vida, incluidas sus finanzas. Escuché claramente al Espíritu Santo decir que quería bendecirla con un significativo regalo de dinero. Lo consulté con Debbie y ella estuvo de acuerdo de todo corazón. Cuando fijamos una hora para reunirnos con ella y entregarle el regalo, nos emocionamos al poder ser parte —una vez más— de la demostración del amor y el cuidado de Dios por uno de sus amados hijos. Cuando usted sostiene todo lo que Dios le ha confiado con la mano abierta y mantiene los oídos de su espíritu atentos a los impulsos del Espíritu Santo, descubre que tiene muchas oportunidades de bendecir a los demás. No lo hace para que le den las gracias. Lo hace porque es hijo de Dios y, como hijo, naturalmente se parece a su padre. Usted lo hace porque Dios ama a las personas y se deleita en usarnos para comunicarles que son vistos y guardados por él.

Cuando nos reunimos con esa apreciada mujer y le entregamos la bendición, al principio se quedó atónita y sin habla. Su confusión, sin embargo, se fundió rápidamente en un regocijo lleno de lágrimas. Y después de unos minutos, su alegría se disolvió en... algo más.

Su rostro enrojeció y empezó a balbucear que quería hacer algo por nosotros a cambio. Empezó a mirar alrededor de la habitación como si buscara algo que darnos. Rápidamente le aseguramos que no esperábamos, ni era necesario, nada de eso. Le dejamos tan claro como pudimos que se trataba de un *regalo* hecho con alegría por Dios, y que nosotros solo éramos los felices repartidores. Sin embargo, ella persistió. Entonces dijo que consideraría la bendición como un "préstamo" y que se esforzaría por devolverlo en los días venideros. Hicimos todo lo posible por hacer que cambiara su forma de pensar, pero al final nos limitamos a orar por ella y nos fuimos, un poco tristes, pero seguros de haber hecho lo que Dios nos había pedido.

La incapacidad de aquella mujer para simplemente recibir y alegrarse fue decepcionante, pero no sorprendente. Lo había visto antes. De hecho, es bastante común. Como ve, muchas personas simplemente no saben cómo recibir un regalo. En la raíz de eso yace el orgullo. La necesidad de sentirse autosuficiente —impulsada por el orgullo— hace difícil y a veces imposible recibir un regalo cuando se presenta.

Para innumerables creyentes, esa trampa se traslada a su relación con su Padre celestial. Y eso es una tragedia. Dedicaré el resto de este libro a explicar por qué. Verá, la gracia —en el sentido bíblico de la palabra— es inseparable del concepto de dar. En los próximos capítulos, descubrirá múltiples dimensiones de esto que la Biblia llama gracia.

Si ha sido creyente durante mucho tiempo, probablemente pueda recitar la definición usual de *gracia* que aparece en los libros de texto. La mayoría sabe que la gracia es el favor inmerecido de Dios. Y eso no es incorrecto. Solo es impropio. Lamentablemente inadecuado. Ese cliché de dos palabras hace un flaco favor a la brillante y polifacética joya de un vocablo que aparece, aproximadamente, ciento veinticinco veces en el Nuevo Testamento de la Biblia Reina Valera. Es algo parecido a definir *pavo real* como "un animal emplumado". No es incorrecto, *per se*. Pero seguro que no da mucha claridad en cuanto a lo que hace extraordinario a un pavo real.

> Como ve, muchas personas simplemente no saben cómo recibir un regalo. En la raíz de eso yace el orgullo.

Por eso estoy tan encantado de que haya elegido este libro. Vaya, vaya, tengo buenas noticias para usted. En las páginas que siguen, voy a llevarle a un viaje de exploración. El territorio se llama la Tierra de la Gracia. A lo largo del trayecto exploraremos por qué y cómo la gracia abrió un camino para que usted recibiera una nueva y mejor relación con Dios; basada en mejores promesas que las que los santos del Antiguo Testamento soñaron posibles. Descubriremos un regalo de la gracia llamado justicia, que lo cambia todo en cuanto a la forma en que vivimos, amamos y adoramos. Desenvolveremos un regalo llamado descanso sabático y aprenderemos por qué todos lo necesitamos tan desesperadamente. Y, lo más importante de todo, está a punto de descubrir el mayor (y quizá más olvidado) de todos los dones de la gracia. El don de la adopción. El que nos convierte no en siervos en los campos de Dios, sino en hijos e hijas en su mesa del banquete. Estos y muchos otros dones están esperando a ser develados.

A veces, es probable que se sienta tentado a discutir con las palabras que lee. Puede que quiera gritar: "¡Es imposible que eso sea cierto! Suena demasiado bueno para ser verdad!". Si es así, es una buena señal de que, al menos, se está acercando a la verdad sobre su Padre celestial. El intelecto humano se tambalea ante la inmensidad de su amor y su bondad. Nuestra imaginación finita no puede ni empezar a comprender lo bueno y generoso que es él. Pero aun cuando su mente se tambalee, su espíritu nacido de nuevo saltará en su interior en un reconocimiento emocionado de la verdad divina. Su espíritu reconoce la verdad cuando la oye.

Durante demasiado tiempo hemos sido como esa pobre y dulce mujer a la que Debbie y yo intentamos bendecir aquel día. No hemos sabido recibir un regalo hecho con amor. Hemos optado por intentar *ganárnoslo*. *Merecerlo*. Esforzarnos, de alguna manera lastimosamente insuficiente. *Obtenerlo*. Queremos añadir obras a la gracia. Pero, como está a punto de descubrir, la única forma de honrar la generosidad de Dios es recibirla con los brazos abiertos y el corazón lleno de gratitud. Hacer lo contrario es robarle a él la alegría. Dar a los que él ama es lo que deleita a su Padre celestial. Como dijo Jesús, en Lucas 12:32: "No tengan miedo, mi rebaño pequeño, porque es la buena voluntad del Padre darles el reino".

Lo que usted sostiene en sus manos es un testamento de 240 páginas sobre la extraordinaria generosidad de nuestro Dios y las insondables profundidades de su amor. Estas páginas contienen verdades, percepciones y revelaciones vivificantes presentadas en una secuencia muy deliberada de tres partes. Sí, estoy a punto de llevarle en una travesía con un itinerario determinado.

Nuestro destino final es un lugar de descanso, esperanza, paz y abundancia. Pero primero debemos explorar el concepto bíblico de la gracia en sí. La palabra *gracia* es tan comúnmente usada en círculos cristianos que aparentemente puede significar cualquier cosa o todo. De modo que la primera parte de este libro le ofrece una mirada a las muchas facetas de la enceguecedoramente brillante gema que es la gracia verdadera, auténtica y bíblica.

Solo entonces estará listo para comprender lo que la gracia, y solo la gracia, hizo posible. Me refiero a un conjunto de bendiciones gloriosas e incondicionales que brotan de un amor infinito y sin restricciones. O, para utilizar el lenguaje del autor del libro de Hebreos, un "pacto … superior al antiguo, puesto que se basa en mejores promesas" (8:6). Esta reveladora parada constituye la segunda parte de las tres que contiene este libro.

Sin embargo, todo eso no es más que el preludio de la atracción principal de este viaje. La gracia y un nuevo pacto, saturado de ella, nunca constituyeron la intención definitiva de Dios. Fueron, simplemente, un medio para alcanzar su verdadero objetivo, uno que exploraremos en la tercera parte de esta obra. Allí descubriremos que Dios no envió a Jesús para restaurar nuestro buen comportamiento. En vez de eso, dio lo mejor y más valioso de sí mismo para restaurar nuestra relación consigo mismo. El objetivo de la gracia es restaurarnos de nuevo a una conexión íntima como hijos e hijas encantados de un Padre bueno.

Para Dios, el tesoro al final de su historia de gracia es *usted*. Parece que tenemos mucho que aprender sobre cómo responderle y recibir de él. Así que empecemos, ¿de acuerdo?

PRIMERA PARTE

ASOMBROSA, PUNTO.

CAPÍTULO 1

¿QUÉ ES TAN ASOMBROSO?

Espere... ¿Qué? ... ¿Están estos tipos realmente discutiendo sobre la gracia? ¿En serio? ¿Gracia?

Esa fue la desconcertada y tácita pregunta que espeté en un momento de mi primera semana en la universidad bíblica. Tenía diecinueve años y estaba encantado de estar en *cualquier* universidad, y mucho más en una que se llamara bíblica. ¿Por qué? Bueno, no solo era nuevo en sentir el llamado al ministerio, ¡era un nuevo creyente recientemente salvo!

No había pasado mucho tiempo desde que me arrodillé en una humilde habitación de un pequeño motel, al lado de una carretera, y entregué mi vida por completo a Jesús. En ese momento ya estaba casado y, por razones que solo ella y un Dios omnisciente conocían, Debbie —la chica más dulce y piadosa que el este de Texas había producido jamás— aceptó casarse conmigo a pesar de que yo era un réprobo. Claro, yo había sido criado en un hogar cristiano por dos de los mejores seres humanos del planeta. Y me habían arrastrado a la iglesia hasta que fui demasiado grande para arrastrarme. Pero seguía completamente perdido hasta ese día de la rendición en el Motel Jake.

Cualquiera que me conociera en la escuela secundaria no podría ser culpado por predecir que mi destino, después de graduarme, era la cárcel. (Por dicha, el anuario de los graduandos no tenía una categoría para presentar a "Los más propensos a cumplir una condena larga o acabar muertos detrás de una tienda"). Sin embargo, allí estaba yo, en la universidad bíblica, sintiendo claramente un llamado al ministerio. Estaba entusiasmado y era celoso e idealista como solo pueden serlo los flamantes creyentes. Había llegado al recinto estudiantil rebosante de alegría por haber sido purificado, perdonado y llamado, esperando que todos los demás allí se agarraran de la mano y entonaran canciones de adoración entre clase y clase. *Después de todo*, razoné, *seguro que aquí son más maduros espiritualmente y —por lo tanto— más espirituales que yo.*

Pronto descubrí lo que explica mi conmoción cuando, al entrar en una de las áreas comunes, tropecé en medio de una acalorada discusión entre un grupo de estudiantes de cursos superiores, especialistas en teología. El debate versaba sobre la naturaleza de la gracia de Dios. Uno defendía la visión tertuliana de la misma. Otro abogaba por la concepción agustiniana. Mientras que otro sostenía la perspectiva eficaz de Juan Calvino al respecto. Varios puntos de vista más también estaban representados en el debate cada vez más airado. Un tipo con la cara colorada siseaba a otro diciendo que era un "pelagiano". Yo no sabía lo que era eso pero, por la forma en que lo decía con los dientes apretados, estaba bastante seguro de que no era bueno ser eso.

Es difícil explicar lo atónito que me dejó ese incidente. Todo lo que sabía de la gracia era su maravillosamente superioridad, tanta que mi débil capacidad humana era insuficiente para describirla. En un tiempo fui un joven intempestivo, autodestructivo y profano. Pero, en un encuentro con ella, todo cambió. Había oído la canción "Maravillosa gracia" innumerables veces desde mi niñez. Pero ahora comprendía realmente lo que todos los demás habían estado cantando con los ojos llenos de lágrimas todos esos años. Realmente había sido un desgraciado, pero él me salvó. A mí. Realmente había

> Todo lo que sabía de la gracia era su maravillosamente superioridad, tanta que mi débil capacidad humana era insuficiente para describirla.

estado perdido, pero ahora él me encontró. ¡Realmente había estado ciego, pero ahora podía ver!

Me quedé ahí sin habla. Pero lo que quería hacer era subirme a una silla y decir: "¡Chicos! Si supieran dónde estaba yo... *quién* era... hace solo un año o dos... si comprendieran que ni siquiera debería estar vivo y de pie aquí frente a ustedes, y mucho menos en una institución bíblica estudiando para el ministerio... no estarían discutiendo sobre las pequeñas diferencias entre sus definiciones de la gracia. Estarían tan asombrados con la bondad de Dios como lo estoy yo. La gracia es la bondad, la misericordia y la generosidad de Dios en su máxima expresión gloriosa". Cuando reflexiono en eso, desearía haberlo dicho.

Lo cierto es que ese concepto es una verdad muy sencilla y, a la vez, muy profunda. El gran predicador del siglo diecinueve, Charles Spurgeon, describió ese contraste de la siguiente manera:

> Ven, creyente, y contempla esta sublime verdad, proclamada así para ti en sencillos monosílabos: "Él... puso... su... vida... por... nosotros". No hay ni una sola palabra larga en la frase: es todo tan simple como puede serlo y es simple porque es sublime.[1]

Tiene razón. La familiaridad con ese antiguo himno ha adormecido nuestros corazones ante el poder de la frase, pero no por ello deja de ser cierta. La gracia es verdaderamente *asombrosa*. De hecho, es sobrecogedora cuando se reflexiona en ella. Y ponderarla es lo que haremos a lo largo de las páginas de este libro. Esa es mi misión aquí. Abrumarle con revelaciones sobre la gracia de Dios. Pero no solo para conmover sus emociones. Una comprensión más profunda y plena de la gracia, seguro que le transformará. Para empezar, le llenará de agradecimiento. Eso es importante, puesto que un corazón agradecido es una clave poderosa para disfrutar una gran vida en Dios. Pero comprender la gracia hará aun más en usted. Le llevará a un lugar de descanso y paz en su relación con Dios. Aumentará su confianza ante él, elevando así su cercanía e intimidad con él. Y créame cuando le digo que cuanto más íntimamente conozca a su Padre celestial, mejor irá todo en su vida. Será más fructífero, más alegre, más sensible a los impulsos del Espíritu Santo, y mucho, mucho más… como descubrirá en los próximos capítulos.

> Una comprensión más profunda y plena de la gracia, seguro que le transformará.

No hace mucho tiempo que sentí un impulso del Espíritu Santo para escribir este libro. Recuerdo que en ese momento le dije al Señor: "Bien, Señor, ¿por qué escribir un libro sobre la gracia? ¿Y por qué ahora?".

Conozco la voz de mi Padre. Por lo que su respuesta fue clara y apasionada:

Observa tu alrededor, Robert. Observe su alrededor. ¿Cuántas personas —incluidos creyentes— no conocen la realidad de mi gracia? ¿Cuántos de mis hijos, comprados con sangre, andan cada día —inútilmente— con el peso de la vergüenza y la condenación colgando de sus cuellos? ¿Cuántos de los míos no desarrollan nunca todo el potencial que tienen conmigo por miedo al fracaso? ¿Cuántos de mi amado pueblo se agotan intentando rendir para mí o ganarse mi amor? ¿Cuántos viven perennemente desanimados y avergonzados porque fracasan una y otra vez en estar a la altura de un estándar imposible? ¿Cuántos están experimentando algo muy, muy por debajo de la "vida abundante" que compré para ellos al enviar y sacrificar a mi Hijo unigénito? ¡*Por* eso necesito que escribas un libro sobre mi asombrosa gracia, hijo!

Así que aquí estoy, trayéndole buenas noticias, las mejores del mundo, en realidad. Es una tarea que disfruto. Me encanta hablar de la abundante, pródiga y extravagante gracia de Dios. Como verá, no se puede entender a Dios sin comprender la gracia. No se puede entender el evangelio sin comprender la gracia. No puede vivir la vida fructífera, impactante, pacífica y llena de gozo que Jesús hizo posible sin captar, abrazar y depositar su confianza en la verdad de la gracia. Simplemente, no se puede. Es verdaderamente asombrosa. Así que mi objetivo aquí es ayudarle a darse cuenta de lo verdaderamente asombrosa que es la gracia. Quiero que se sienta tan abrumado por ella como lo estoy yo.

En el proceso, abordaremos algunos de los malentendidos más comunes sobre ella. Muchos hijos de Dios han absorbido enseñanzas bienintencionadas, pero erróneas, sobre la gracia. Fíjese en lo que dice Pablo en Colosenses 2:6: "Por eso, de la manera que recibieron a Cristo Jesús como Señor, vivan ahora en él". En otras palabras, continuamos en Dios de la misma manera que comenzamos en él.

La verdad no adulterada es que somos *salvos* por gracia y solo por gracia. Por tanto, debemos *vivir* esta vida cristiana de la misma manera. Por gracia y solo por gracia.

No gracia *y*...

No gracia *con*...

No gracia *más*...

No gracia *sino*...

La clave para experimentar la extraordinaria vida que Jesús vino a hacer posible para usted —y por la que murió— es esta: Gracia... punto.

CAPÍTULO 2

¿REGALO, SALARIO O RECOMPENSA?

Prepárese. Estoy a punto de darle una información sorprendente y útil. Se trata de una verdad que un gran número de personas de todo el mundo parece haber olvidado. ¿Preparado? ¿Listo para conocerla?

Es posible seguir siendo amigo de alguien que no está de acuerdo con usted en algo que es importante para usted.

Suponga que alguien le haya reanimado con sales aromáticas después de leer la frase anterior. Sí, es cierto. Por desdicha, la era de las redes sociales y la polarización extrema que han promovido han hecho que esa sea una verdad olvidada. Es difícil exagerar hasta qué punto la posibilidad de "acabar con la amistad" de alguien con el chasquido de un dedo ha transformado nuestras relaciones y nuestra cultura. Como muchos han observado, gran cantidad de nosotros vivimos ahora —inmersos— en burbujas de información creadas por nosotros mismos. Elegimos a quién queremos escuchar en las redes sociales, además escogemos noticias y fuentes de información que solo sirven para confirmar lo que ya pensamos. Son cámaras de eco estrechamente gestionadas en las que nunca tenemos que experimentar la incomodidad de oír algo que no nos agrade.

Menciono esto porque tengo un gran amigo con quien pensé —una vez— que teníamos un desacuerdo, pero —al hablar— descubrí que, en realidad, eso no era cierto. No obstante nos comprometimos a mantener nuestra amistad a costa de lo que pasara. Él contó una ilustración que pensé que quería decir que teníamos que hacer obras para llegar al cielo. Así que, como hacen los amigos, nos reunimos para hablar de ello. Yo había oído que él había contado una ilustración sobre la gracia, que yo había entendido totalmente mal. Y el problema era que "yo había oído que él había contado una ilustración", pero en realidad no lo había oído decirla, así que cuando nos reunimos, ¡las cosas se aclararon bastante rápido!

Yo había escuchado que, en su ilustración, estábamos en un bote, y nos dieron un par de remos, y que esos remos eran la gracia; de modo que —si alguna vez— dejábamos de remar, ¡iríamos al infierno! Mientras compartíamos, ¡descubrimos que nuestra comprensión y nuestras enseñanzas sobre ese concepto eran idénticas! Ambos creemos que no hay nada que podamos hacer para ganarnos la salvación y que las obras o nuestro trabajo —en ninguna manera— contribuyen a nuestra salvación, sino que somos salvos por gracia y solo por gracia (o, en otras palabras: Gracia, punto.)

Nos reímos, tuvimos un gran almuerzo, y seguimos siendo los mejores amigos hasta el día de hoy. Él es un gran hombre de Dios y un gran maestro de la Biblia en el cuerpo de Cristo. Comprendió perfectamente mi preocupación porque hay muchos creyentes criados en un sistema religioso, basado en la ley, que creen que la gracia es la capacidad de Dios para cumplir la ley y que si alguna vez dejamos de esforzarnos, estamos en graves problemas. Si ese fuera el caso, ¡entonces me equivoqué el primer día en que fui salvado y continúo errado desde entonces!

Hace años, escuché un sermón que contenía otra ilustración que supuestamente explicaba el papel de la gracia en la salvación y en la vida cristiana. Me dijeron que nuestra travesía por la vida es como un gran lago con el cielo en la orilla opuesta. A los que desean ser cristianos se les entregan dos remos. (Creo que por eso me precipité cuando pensé que mi amigo iba por el mismo camino).

En esta ilustración, un remo representaba la gracia y el otro las buenas obras o el buen comportamiento. Me dijeron que la única forma de cruzar el lago (hacia el cielo) era utilizar *ambos remos*. El orador anticipó, obviamente, una objeción basada en Efesios 2:8, algunas de las palabras más familiares y maravillosas de todo el Nuevo Testamento: "Porque por gracia ustedes han sido salvados mediante la fe. Esto no procede de ustedes".

Así que el predicador dijo: "Por supuesto que la gracia es necesaria. No puedes llegar al cielo solo con las obras. Si intentas avanzar por el lago únicamente con el remo de las obras, ¡solo darás vueltas en círculos! Pero lo mismo ocurre si solo utilizas el remo de la gracia". La cuestión era que uno tiene que añadir una cantidad adecuada de buenas obras, buen comportamiento y esfuerzo humano a la gracia de Dios para poder llegar hasta el otro lado.

La aterradora implicación de esa metáfora, si fuera exacta, es que es posible pasarse toda la vida remando tan fuerte como pueda, pero si deja de hacerlo —aunque solo esté a diez metros de la orilla— usted está descalificado. Y no se equivoque, el terror es precisamente lo que implica esa ilustración. Muchos creen, erróneamente, que el miedo es un motivador necesario para mantenerse a sí mismos y a otros creyentes en la línea. Miedo al infierno, miedo al rechazo (por parte de Dios), miedo al castigo, miedo a no ser lo suficientemente bueno en su comportamiento ni lo adecuadamente ferviente en su fe como para recibir algo bueno de Dios. Todo ello es una receta para una vida tormentosa. (Por cierto, mi amigo tiene la mejor enseñanza sobre el temor a Dios que jamás he oído). Sin embargo, ¿no dijo Jesús que había venido para que tuviéramos vida abundante? (Ver Juan 10:10).

Vivir en este tipo de miedo es una modalidad de esclavitud. Y, sin embargo, Pablo nos lo dice claramente a usted, a todos los creyentes y a mí:

> Muchos creen, erróneamente, que el miedo es un motivador necesario para mantenerse a sí mismos y a otros creyentes en la línea.

Y ustedes *no recibieron un espíritu que de nuevo los esclavice al miedo*, sino el Espíritu que los adopta como hijos y les permite clamar: "¡Abba! ¡Padre!". El Espíritu mismo asegura a nuestro espíritu que somos hijos de Dios (Romanos 8:15-16).

Nuestro análisis de la gracia destruirá esta falsa metáfora sobre lo que ella es y cómo opera. Y ese examen debe comenzar con el propio vocablo.

La palabra griega traducida como "gracia" en nuestro Nuevo Testamento, en español, suele ser *charis*. Esta tiene un par de primas: charisma y *charismata*, que también aparecen numerosas veces en nuestras biblias. Veremos todas ellas antes de terminar. Pero empezaremos con la que aparece más de ciento cuarenta veces: *charis*.

La *Concordancia de Strong*, considerada el estándar de oro para el griego en el ámbito de los materiales de referencia bíblicos, nos dice esto sobre *charis*:

Definición: gracia, amabilidad

Uso: (a) gracia —como don, regalo o bendición— traída al hombre por Jesucristo, (b) favor, (c) gratitud, agradecimiento, (d) un favor, amabilidad.[2]

Fíjese en la palabra *regalo* en la primera descripción bajo "Uso". Está ahí por una buena razón. Otros escritores griegos de la antigüedad podrían haber utilizado la palabra *charis* de diversas maneras, pero todas las personas que redactaron los libros del Nuevo Testamento —que usted posee— escribiendo bajo la inspiración y dirección del Espíritu Santo, utilizaron la palabra de una manera similar. Y ese uso siempre lleva implícito el de un regalo. Un regalo de algo bueno, encantador y valioso. El tipo de regalo que un Padre amoroso concedería a un hijo amado.

La mención de *charis* en el *Diccionario de idiomas bíblicos: griego* incluye "amabilidad, regalo, agradecimiento, buena voluntad y favor hacia alguien" en su definición.[3] De nuevo vemos la palabra *regalo*.

La palabra relacionada, *carisma*, deja clara la conexión con el concepto de don. Significa, literalmente, "don de gracia" y aparece diecisiete veces en el Nuevo Testamento.

Una vez que empiece a comprender que el concepto de don yace en el corazón de la palabra bíblica *gracia*, todo cobrará sentido. Verá que solo puede hacer dos cosas con un don. Puede recibirlo o rechazarlo. Puede ganarlo como salario. Puede merecerlo como recompensa. Puede comprar cualquier cosa que desee siempre que tenga suficiente cantidad de la moneda pertinente.

Sin embargo, un regalo solo se puede aceptar.

Y lo mismo ocurre con la gracia, y con todas las cosas buenas que la Biblia dice que Dios concede por medio de ella. A la cabeza de esta gloriosa lista está la salvación misma. Vuelva a observar con unos ojos nuevos Efesios 2:8-9, esta vez en base a la versión Nueva Traducción Viviente:

> Una vez que empiece a comprender que el concepto de don yace en el corazón de la palabra bíblica *gracia*, todo cobrará sentido.

> Dios los salvó por su gracia cuando creyeron. Ustedes no tienen ningún mérito en eso; es un regalo de Dios. La salvación no es un premio por las cosas buenas que hayamos hecho, así que ninguno de nosotros puede jactarse de ser salvo.

Ahora que sabemos lo que es la gracia, permítame decirle mi definición preferida. ¿Listo?

**La gracia constituye la bondad y el favor inmerecidos
—injustificados, inalcanzables— de Dios.**

Hay una tonelada de verdades transformadoras en esa sencilla frase de trece palabras. Así que vamos a desmenuzarla examinando cada una de las tres expresiones clave. Empezaremos por *inmerecida*.

CAPÍTULO 3

ASOMBROSAMENTE INMERECIDA

La palabra bíblica es *jactancia*. Pero en mi estado natal, Texas, la llamamos *alardear*.

Es una palabra que me recuerda una famosa cita del lanzador de las grandes ligas de béisbol Dizzy Dean, cuyo apogeo fue a finales de la década de 1930. Nació en 1910 en un pequeño pueblo de las colinas de Arkansas —llamado Lucas—, y no terminó el cuarto grado de educación primaria. Pero Jay "Dizzy" Dean creció hasta convertirse en uno de los mejores lanzadores de beisbolistas estelares de aquella época. También era experto en la técnica verbal que los atletas modernos llaman "hablar basura". Le encantaba decir predicciones audaces sobre lo que iba a hacer en un partido próximo. Y la mayoría de las veces, las cumplía. Lo que me lleva a una cita icónica, la cual se repite a menudo en el mundo del deporte hasta el presente, que se asociará para siempre con Dizzy. Tras ser acusado por un periodista de fanfarronear, Dean le respondió con otra cita célebre:

"Oye, no es alardear; es si, realmente, puedes hacerlo".

Ahora bien, aunque no tengo que cuestionar la lógica o la semántica de un lanzador del Salón de la Fama, debo decir que la afirmación de Dizzy es —simplemente— falsa. Es más, es opuesta a la verdad. En realidad, es una fanfarronada si, y solo si, realmente *puede* hacer lo que sea que afirma que puede hacer. De lo contrario, no es más que sinsentido. O en palabras menos educadas: mentir descaradamente.

Reflexione en ello. Suponga que he memorizado el libro de los Hechos y que soy capaz de recitar de memoria sus casi veinticuatro mil palabras. (En verdad, no puedo, pero siga conmigo a efectos ilustrativos). Imagine también que tendiera a decir a todo el que me encontrara que podría hacer eso. Suponga que busco formas creativas de incluirlo en la conversación con conocidos y que me acerco a desconocidos al azar para contarles la emocionante noticia de mi habilidad. "Hola, soy Robert Morris. He memorizado todo el libro de los Hechos".

Lo siento, Dizzy, pero eso sería alardear. O, para utilizar el término bíblico, jactancia.

Tendemos a pensar que la jactancia es un indicador de orgullo. Y puede serlo. Pero la mayoría de las veces, en realidad, es una manifestación externa de inseguridad interior. El hecho es que el orgullo y la inseguridad son, en verdad, las dos caras de una misma moneda. Las personas seguras de su identidad rara vez alardean. No sienten la necesidad de hacerlo. Es el tipo que no para de hablar de sus habilidades y logros el que probablemente sea la persona más insegura del lugar. Los golpes de pecho y el autoengrandecimiento revelan una necesidad desesperada de ser visto por los demás como alguien relevante.

Entonces, ¿por qué este trayecto desde la fama de Dizzy Dean a los "Principios de Psicología"? Porque estamos explorando la definición de *gracia* que ofrecí al final del capítulo anterior:

La gracia es la bondad y el favor inmerecidos, no ganados, no meritorios, de Dios.

Esa exploración debe comenzar con la primera de esas tres expresiones clave. Necesitamos comprender que la gracia es inmerecida.

Si participó en los Boy Scouts o en las Girl Scouts cuando era más joven, no olvidará la interminable competencia en busca de insignias al mérito. Y, sin duda, también recuerda el sentimiento de orgullo y satisfacción que implicaba obtener cualquiera de esas insignias, como por ejemplo, por acampar, por señalizar caminos, por cuidar mascotas o por observar los astros. Hoy en día, esas antiguas insignias al mérito con sus coloridos símbolos bordados son artículos muy valiosos para coleccionistas. Y, por supuesto, algunos empresarios astutos han creado negocios muy lucrativos vendiendo a adultos nostálgicos insignias al mérito falsas, graciosas y de aspecto auténtico en categorías especiales como, por ejemplo, las siguientes: ronquidos, virus informáticos, mensajes de texto, quejas, hundimiento de barcos y alguna otra habilidad imaginaria relacionada con el uso ingenioso o inusual de cinta adhesiva.

Todo ese sistema de insignias al mérito se fundamentó sobre el deseo innato de todo ser humano de obtener logros y por las ansias de tener reconocimiento por haberlos alcanzado. No es malo querer dominar nuevas habilidades y ser reconocido por todo el trabajo arduo y los logros obtenidos. Como veremos un poco más adelante en esta travesía, incluso con las cosas espirituales, se puede ir tras las recompensas. Pero este nunca puede ser el caso en lo atinente a la salvación ni a cualquier otro don de gracia que Dios quiera otorgarnos en su bondad y su generosidad. Recuerde, si realmente es un regalo, solo hay dos cosas que puede hacer con él: recibirlo o rechazarlo.

Lo que nos lleva de nuevo a Efesios 2:8-9. Lo desgloso otra vez por sus frases, para mayor claridad:

- Porque por gracia ustedes han sido salvados
- mediante la fe.
- Esto no procede de ustedes,
- sino que es el regalo de Dios y
- no por obras,
- para que nadie se jacte.

Recuerde, si puede hacerlo usted mismo, o puede contribuir a ello de alguna manera, está presumiendo (jactándose) cuando habla de ello. Pero aquí la Palabra de Dios nos dice claramente que nadie puede jactarse por razón de ser salvo. ¿Por qué? Porque la salvación es un don de la gracia.

En otras palabras… ¡no hay que remar! Si lo hace —ya sea con un remo o los dos— con el fin de contribuir a su salvación, la ha merecido de alguna manera y, por tanto, tiene margen para presumir.

Por favor, entiéndame aquí. En el cielo no hay jactancia.

Claro que, en el presente, hay mucho de ella en la tierra. Nos jactamos de logros pequeños y grandes, nobles e insensatos. Pero no habrá ninguna jactancia en el cielo. De los miles de millones de almas que encontrará allí, a ninguna se le oirá decir: "Me alegra mucho haber seguido remando. ¡Merezco un aplauso! Claro que a veces me cansé, ¡pero no abandoné! Seguí sumando mi esfuerzo y mi lucha a la gracia de Dios. Y por eso estoy aquí. Tuve algunos amigos que no siguieron remando y, como usted se dará cuenta, no están aquí. Pero yo llegué porque remé fuerte y bien".

No, nada de eso pasará por su mente cuando esté allá. Esto es lo que usted y todos los demás hijos e hijas adoptivos de Dios, lavados con sangre, harán al entrar en las glorias de la eternidad. Señalará las marcas de los clavos en las manos de Cristo. Señalará las horribles cicatrices en la espalda de él. Y dirá: "Como usted ve. Por eso estoy aquí. *Por él es que estoy aquí.* Todo fue él!".

En el cielo no habrá ninguna insignia al mérito por la salvación. ¿Por qué? Porque la salvación es por gracia y, por tanto, es inmerecida.

Los creyentes como yo, que fuimos salvados ya adultos, entendemos algo que personas como mi esposa, que nacieron de nuevo en su niñez, quizá no comprendan. Cuando usted ha vivido en la pecaminosidad y la depravación por años y, en cierto momento de su existencia, se encuentra con la extravagante misericordia de Dios —una misericordia disponible solo a través del enorme sacrificio de

> En el cielo no habrá ninguna insignia al mérito por la salvación. ¿Por qué? Porque la salvación es por gracia y, por tanto, es *inmerecida*.

su Hijo sin pecado— *usted sabe que* no lo merece. Eso es al principio. Pero avance rápidamente unos veinte años. Después de que el amor de Dios haya transformado sus deseos y sus hábitos... después de que usted haya hecho algunas cosas buenas... después de que haya convertido la asistencia a la iglesia en parte de su rutina semanal... ahí es cuando es algo peligrosamente fácil empezar a pensar que, de alguna manera, ha comenzado a merecer alguna bendición, algún favor y quizá —incluso— el cielo. El orgullo siempre, y en todo momento, está listo para colarse a través de las grietas y las hendiduras —sin cicatrizar— que pueden existir en nuestros corazones.

No, la verdad es que incluso nuestra justicia es como trapo de inmundicia (ver Isaías 64:6). Lo mejor de usted ni siquiera se acerca a lo peor de Dios. Tome el mejor día que haya tenido en términos de buenas obras —y buen comportamiento— y todo sigue siendo lastimosamente insuficiente. Imagine que la prístina rectitud y santidad necesarias para estar en presencia de Dios es la cima del monte Everest. Suponga que su peor día está al nivel del suelo y el mejor de ellos está a solo centímetros del pico de la montaña.

Esa es la inexorable belleza de la gracia. No hay lugar para el orgullo ni la jactancia en ninguna parte de la ecuación. Lo que viene de Dios, por gracia, siempre y únicamente es... inmerecido.

Cuando pienso en este aspecto de la gracia, evoco algo que mi hijo mayor —Josh— me recordó no hace mucho. Estábamos hablando de la asombrosa naturaleza de la gracia de Dios y me dijo: "Papá, creo que me ha sido más fácil comprenderla, que a muchos otros creyentes que conozco, porque tú la modelaste para nosotros cuando éramos niños". Al continuar recordándome el asunto, evoqué un incidente cuando él cursaba la escuela secundaria.

> Esa es la inexorable belleza de la gracia. No hay lugar para el orgullo ni la jactancia en ninguna parte de la ecuación.

Llegó el día en que todos recibieron sus anuarios. Él y un par de amigos pensaron que sería divertidísimo pasarse la hora del almuerzo dibujando bigotes, barbas o cuernos en las fotos de todos sus profesores, junto con otras desfiguraciones juveniles de muchas de las fotos. Cuando llegó a casa al final del día, lo vi con su anuario y le dije: "¡Ah, ya lo tienes! Déjame verlo!". De repente, se le fue todo el color de la cara, Palideció por completo. Así que lo agarró con más fuerza y empezó a tartamudear mientras se dirigía hacia su dormitorio. Tras insistir un poco, me lo enseñó y —por supuesto— vi todas las ilustraciones adicionales. Al rememorar la anécdota, él dijo que me quedó una mirada triste y le respondí: "Hijo, ¿te das cuenta de lo que has hecho? No solo es una falta de respeto a los profesores que pasaron todo un año intentando ayudarte, sino que este anuario es algo que querrás recordar dentro de unos años. Pero lo has estropeado".

Josh siempre tuvo un corazón tierno. Cuando la realidad lo golpeó, rompió a llorar. Él me recuerda alzándole la barbilla y diciéndole: "Hijo, mírame. Mañana voy a comprarte uno nuevo". Parecía conmocionado y balbuceó: "¿Por qué... por qué harías eso?".

"Porque eso es lo que hacen los padres, hijo".

Marcar un anuario nuevo es el tipo de acto insensato en el que me especialicé cuando tenía esa edad. Y mi padre también fue un modelo de gracia. Seguro que conoce la Escritura que dice: "El amor cubre muchísimos pecados" (1 Pedro 4:8). Pues bien, he aquí un versículo del Libro de Roberto: "La gracia cubrirá una multitud de errores estúpidos". ¿Ha cometido alguna vez una estupidez? Sospecho que sí. Entonces agradezca a la gracia.

Ahora bien, muchas personas confunden la gracia con la misericordia. Esto le ayudará a ver y entender la diferencia. No castigar a Josh por esa travesura fue misericordia. Pero, ¿comprarle un anuario nuevo? Bueno, eso fue gracia. ¿Por qué? Porque fue un regalo totalmente inmerecido. Un obsequio extendido con amor desde el corazón de un padre.

La gracia es, en efecto, inmerecida. Pero no es solo eso.

CAPÍTULO 4

ASOMBROSAMENTE INJUSTIFICADA

Estamos definiendo la *gracia* y, hasta ahora, solo hemos explorado una de las tres facetas de este resplandeciente diamante. Ahora sabemos que es absolutamente inmerecida. También hemos visto que la palabra griega traducida al español como "gracia", en nuestras biblias, es *charis (que, en inglés, suena Karis)*. Así que es hora de profundizar en el significado de este término griego.

Empecemos por la pronunciación. La mayoría de las personas anglohablantes pronuncian la palabra como si empezara con un sonido fuerte y tácitamente acentuado en la primera sílaba: *Ka*. Lo cual está bien. Funciona. Sin embargo, eso me recuerda un incidente gracioso que tuve con un amigo mío. Se apellidaba Matica y me contaba emocionado que esperaba una hija por nacer. Por supuesto, le pregunté si él y su esposa ya habían elegido un nombre para la criatura. Me contestó:

—¡Sí! ¡Le vamos a dar el nombre "Karis"!

Entonces pudo ver cómo empezaba a dibujarse una sonrisa en mi cara.

—¿Qué? —preguntó—, ¿por qué te ríes?

—¿Acaso has pronunciado su nombre completo, con el apellido, varias veces? —le pregunté.

Así que procedió a decirlo.

—Karis Matica... Karis Matica... Karis Matica...

A la tercera o cuarta vez que repitió el nombre completo, se le encendió la luz. Se dio cuenta de que al oído, sonaba idéntico a *carismática*. No es que haya nada malo con los carismáticos. Yo soy uno de ellos. Pero si usted va a ponerle ese nombre a su hija, debería hacerlo con los ojos bien abiertos y la conciencia alerta.

En términos técnicos, esa palabra griega se pronuncia *cha-ris*. Es muy parecido al sonido de esa misma sílaba en la palabra hebrea *Channukah*. Sin embargo, para simplificar las cosas, puede pronunciar *charis* en su cabeza, o como quiera, durante el resto de este libro. Lo más importante es entender lo que Pablo y los demás escritores bíblicos inspirados *quisieron decir* cuando utilizaron ese vocablo, y lo que sus lectores originales entendieron cuando lo oyeron. Sí, la mayoría de la gente del mundo bíblico del siglo uno hablaba griego. Así había sido durante casi cuatrocientos años, desde que Alejandro Magno conquistó una gran parte del mundo conocido y estableció el imperio griego. De modo que cuando el lector típico de Efesios 2:8 vio: "Porque por gracia *[charis]* ustedes han sido salvados mediante la fe...", esa palabra implicaba un conjunto muy específico de significados, referencias e imágenes. En otras palabras, *charis* era un término cultural bien conocido mucho antes de que apareciera por primera vez en un libro de la Biblia.

Para obtener luz histórica sobre el significado de esta extraordinaria e importante palabra, tenemos que remontarnos a la antigüedad.

Transcurre el año 15 D. C. y Tiberio fue nombrado emperador del vasto imperio romano tras la muerte de César Augusto. En el extremo oriental del imperio, en lo que un día será la nación de Turquía, se encuentra la provincia de Galacia. Allí, un granjero llamado Silvanus está en graves apuros. Por tercer año consecutivo, una cosecha entera de aceitunas en su huerto familiar de olivos ha fracasado catastróficamente. Una extraña polilla invasora, aparentemente creada en el pozo del infierno, ha invadido sus terrenos.

Tras las dos primeras cosechas fallidas, Silvanus pudo mantener a flote a su numerosa familia gracias a su patrimonio. Ahora, tras un tercer desastre consecutivo, sus ahorros se han agotado. Si no adquiere rápidamente algo de capital, se verá obligado a vender —a una fracción de su valor real— las tierras y arboledas que han

ASOMBROSAMENTE INJUSTIFICADA

pertenecido a su familia durante una docena de generaciones. Su única esperanza es un sistema secular que los romanos adoptaron de sus predecesores, los griegos: el sistema de patronazgo o mecenazgo. Económicamente, ambas culturas —griega y romana— se caracterizaban por un fino y elitista segmento de ultrarricos mientras casi todos los demás subsistían como trabajadores pobres. En otras palabras, lo que llamamos clase media era casi inexistente. Así pues que, en esas culturas se desarrolló una práctica en la que una persona pobre, conocida en latín como el *cliens* (de ahí viene nuestra palabra *cliente*), se acercaba a una persona rica, que en este sistema se llamaba el *patronus* (patrón). Un cliente potencial se acercaba a un mecenas potencial con una necesidad específica. Esa necesidad podía ser ayuda en el sistema legal, ayuda para concertar un buen matrimonio de un hijo o una hija o —a menudo— como en el caso de nuestro olivicultor, Silvanus, una necesidad desesperada de dinero. Cualquiera fuera la petición, había una palabra en el sistema de patronazgo para el acto de satisfacer esa necesidad: *¡charis!*

Cuando una persona que necesitaba ayuda desesperadamente encontraba un mecenas dispuesto a mostrarle su favor y su generosidad, esa ayuda era *charis* o —dicho de otro modo— un favor no merecido y arbitrario que se traducía en un regalo que satisfacía la necesidad.

En la antigua Roma, ocupar la posición de mecenas era una importante fuente de prestigio social. Si usted era un mecenas que tenía muchos "clientes", era señal de que era simultáneamente muy rico y muy generoso. Y, como en los círculos de la sociedad elitista

> Cuando una persona que necesitaba ayuda desesperadamente encontraba un mecenas dispuesto a mostrarle su favor y su generosidad, esa ayuda era *charis* o —dicho de otro modo— un favor no merecido, arbitrario.

de cualquier lugar y época, todos querían que los demás los percibieran como fabulosamente ricos y extremadamente generosos. En nuestros días, sería como el tipo de persona a la que le gusta que la inviten a una gala de recaudación de fondos de etiqueta, de miles de dólares por plato, para financiar una nueva ala del museo de arte de la localidad.

He aquí el problema para nuestro nuevo amigo Silvanus. No conoce a ningún mecenas potencial. Los olivícolas rurales, con las uñas sucias, no se codean con la ultraélite de la gran ciudad. ¡Pero no todo está perdido! Aquí es donde surge el papel de otro actor en el sistema romano de mecenas-clientes. Silvanus necesitaba un *sectorem*. Es una palabra latina que en español se traduce aproximadamente por "intermediario". En la actualidad, intermediario es un gestor, o tercera persona, en una transacción o trato. En tiempos de Silvanus, el *sectorem* era una persona lo suficientemente elevada en la sociedad como para conocer y tener relaciones con posibles mecenas ricos, pero que también se movía libremente entre la clase baja de la sociedad. De modo que, si esa persona estaba dispuesta a ayudar, podía ponerlo en contacto con un mecenas y ayudarlo a resolver su caso.

Por dicha, Silvanus sabe de una persona que tiene un amigo que conoce a alguien que —a su vez— tiene un conocido que es *sectorem* o intermediario. Así que se acuerda una reunión. Al intermediario lo mueve la compasión por la penosa situación de Silvanus. Y, milagro de milagros, encuentra un mecenas dispuesto a conceder *charis* al desesperado granjero. El regalo es entregado. Silvanus y su familia mantienen la posesión de la tierra y, en los años siguientes, las cosechas vuelven a la normalidad.

Ahora bien, tal vez usted se pregunte qué tipo de condiciones se anexaron a ese inmerecido regalo *charis*. Puede que le sorprenda saber que en el sistema de mecenazgo no existe la obligación formal de devolver el obsequio. Lo que *se* espera es que el receptor de *charis* se muestre profundamente agradecido.

Y como resultado, ese receptor amará y será leal al mecenas. Por supuesto, para la inmensa mayoría de las personas, la gratitud es la respuesta natural que se muestra cuando se recibe un regalo que les ha cambiado la vida, un obsequio gratuito e inmerecido. Todos los involucrados entendían también que la extensión de ese *charis* creaba una conexión continua entre las dos (o tres, si había un intermediario implicado) partes. En otras palabras, el proceso creaba una *relación*. El dador y el receptor ahora se conectaban relacionalmente de por vida. Evidentemente, el *charis* era (y es) ¡un gran negocio! En cierto sentido, el mecenas se convierte en un padre para el cliente. Y el cliente, a la misma vez, se transforma en un hijo para el mecenas. ¿Es algún misterio, entonces, por qué Pablo y los demás escritores del Nuevo Testamento eligieron la palabra *charis* para describir lo que Dios había hecho a través de su hijo, Jesucristo?

Ahora bien, querido lector, una vez conocida la antigua costumbre del concepto patrón-empresario-cliente, usted tiene una idea mucho mejor de lo que pensaban inmediatamente los lectores del Nuevo Testamento del siglo primero cuando encontraban la palabra *charis* en pasajes como Efesios 2:8-9. Permítame parafrasear ese conocido versículo de forma que incorpore nuestra nueva perspectiva:

> Porque por la *charis* de un Dios-patrón, que es insondablemente rico e indeciblemente bondadoso, usted ha sido rescatado de la bancarrota espiritual eterna, a través de la fe, e incluso esa fe no era suya, también era un regalo. Por eso no hay espacio para alardes ni jactancias sobre su nueva relación como amigo del patrón.

Sospecho que usted también va muy por delante de mí en cuanto a quién es el intermediario en la versión bíblica de *charis*. Está claro que Jesús desempeñó la función de *sectorem* al extendernos el don de la gracia redentora tanto a usted como a mí. Dejó el lado del patrón en el cielo y vino a caminar entre nosotros en la suciedad y la mugre de la tierra. Nosotros no conocíamos a Dios, el Patrón. Pero Jesús sí. (Por cierto, la palabra latina para "padre" es *pater*.) Y a través de su muerte sacrificial y su resurrección, él hizo un camino para que nos conectáramos con el Padre y recibiéramos el regalo gratuito más extravagante jamás brindado. ¡No es de extrañar, por tanto, que Pablo utilizara el término *charis*! Sí, el antiguo sistema de patronazgo pinta un hermoso cuadro de lo que Dios hizo por nosotros, pero no es un cuadro perfecto. Como verá, todo lo que Dios hace es mejor y más tierno que cualquier cosa que se le pueda ocurrir al hombre.

Aquí es donde se rompe el modelo secular de mecenas-intermediario-cliente para entender lo que es *charis*. En las antiguas Grecia y Roma, los mecenas no andaban en busca de clientes pobres a los cuales bendecir y ayudar. No, el cliente tenía que ir en busca del mecenas. Sin embargo, nuestro magnífico Mecenas, nuestro Padre celestial, ¡vino a buscarnos! Igual que vino a buscar a Adán y a Eva en el jardín de Edén. Medite en ello. Cuando Adán y Eva traicionaron a su Hacedor y le siguieron la pista a su enemigo mortal —la serpiente— no iban en busca de Dios. Al contrario, se escondieron de ÉL. Sin embargo, ¡Dios acudió a buscarlos!

Lo mismo ocurrió con usted, conmigo y con toda la descendencia de Adán y Eva. Dios envió a su Hijo único como intermediario para que pudiéramos reconectarnos con él en una relación. "Jesús me buscó cuando era forastero..." proclama con razón el viejo himno "Ven, fuente de toda bendición". Como proclamó el propio Jesús en Lucas 19:10: "Porque el Hijo del hombre vino a buscar y a salvar lo que se había perdido".

Ningún rico mecenas ni intermediario de la antigua Roma jamás fue en busca de los mendigos más indigentes, más arruinados, más irresponsables, más desesperanzados, para bendecirlos e inundarlos de bondad inmerecida. Sin embargo, eso es precisamente lo que el Padre y el Hijo hicieron por usted y por mí. Por amor insondable, el Patrón envió al Intermediario a buscarnos y rescatarnos:

Dios no envió a su Hijo al mundo para condenar al mundo, sino para salvarlo por medio de él (Juan 3:17).

En otro pasaje, Jesús nos comparó a cada uno de nosotros con una oveja perdida, una moneda perdida y un hijo perdido —todos los cuales fueron buscados y se regocijaron cuando fueron encontrados— para describir su misión y su propósito. Por cierto, extraeremos oro espiritual de esas parábolas más adelante en este libro. Sí, *charis* es la palabra correcta, pero en manos de Dios este sistema terrenal se convirtió en uno en el que el dador buscaba a aquellos de nosotros que necesitábamos desesperadamente su generosidad.

> Ningún rico mecenas ni intermediario de la antigua Roma jamás fue en busca de los mendigos más indigentes, más arruinados, más irresponsables, más desesperanzados para bendecirlos e inundarlos de bondad inmerecida.

Pero Dios, que es rico en misericordia, por su gran amor con que nos amó, aun estando nosotros muertos en pecados, nos dio vida juntamente con Cristo (por gracia [*charis*] sois salvos [rescatados]) (Efesios 2:4-5 RVR, lo agregado es mío).

Ahora entiende por qué el segundo aspecto de la *charis* (gracia) es que es inmerecida. No la merecemos más de lo que Silvanus merecía ser ayudado por su mecenas. Silvanus tenía las manos vacías, sin nada que ofrecer a su mecenas, salvo toda una vida de gratitud. Como nos lo recuerda Pablo:

A la verdad, como éramos incapaces de salvarnos, en el tiempo señalado Cristo murió por los impíos. Difícilmente habrá quien muera por un justo, aunque tal vez haya quien se atreva a morir por una persona buena. Pero Dios demuestra su amor por nosotros en esto: en que cuando todavía éramos pecadores, Cristo murió por nosotros (Romanos 5:6-8).

Sí, la gracia de Dios es absolutamente inmeritoria y completamente inmerecida. Pero eso no es todo lo que es. Todavía tenemos que examinar otra faceta de esta joya. ¡Una que es maravillosa!

CAPÍTULO 5

ASOMBROSAMENTE IMPAGABLE

Es el cumpleaños de usted y está rodeado de amigos. Es hora de abrir los regalos. Agarra un paquete grande y el amigo que lo ha traído le hace señas. Lo abre y queda encantado con lo que encuentra dentro. Mira a su amigo y está a punto de darle las gracias cuando él le dice: "¡Son $90.00! No, espera... en realidad, me debes $97,37... con los impuestos".

Eso es ridículo, ¿verdad? Así no funcionan los regalos. Bueno, a menos que usted sea padre. Recuerdo algunos días del padre en los que a mis hijos se les permitió elegir mis regalos. En esos casos solía tener dos preguntas. La primera: "¿Qué es?". Y la segunda: "¿Cuánto he pagado por esto?". Estoy bromeando, por supuesto. Lo que quiero decir es que los regalos son gratis. Si tiene que pagar por ellos, no son regalo en ningún sentido significativo de la palabra.

Esto nos lleva al tercer aspecto de la gracia auténtica y bíblica. No se gana, no se puede alcanzar ni pagar. Los salarios se ganan, pero la gracia —por su propia naturaleza— nunca puede ganarse. Nuestros pecados y nuestra pecaminosidad son, en cierto sentido, una deuda con la justicia divina. La gracia es el pago, por parte de Dios, de esa enorme deuda que jamás tendremos capacidad ni poder para pagarla.

Lo cierto es que cada uno de nosotros nació con una deuda pendiente con la eterna e inmutable justicia de Dios. Una deuda que heredamos de nuestro antepasado Adán. Una obligación a la que luego añadimos nuestra propia pecaminosidad y rebelión.

Entonces llegó un segundo "Adán", entró en la sección de pagos de los tribunales celestiales y canceló hasta el último centavo. No contribuimos en nada a la cancelación de esa deuda. Fue completa y absolutamente inalcanzable.

Pablo pensaba en esta realidad cuando escribió:

> Antes de recibir esa circuncisión, ustedes estaban muertos en sus transgresiones. Sin embargo, Dios nos dio vida en unión con Cristo, al perdonarnos todos los pecados y *anular la deuda que teníamos pendiente* por los requisitos de la Ley. Él *anuló esa* deuda que nos era adversa, clavándola en la cruz (Colosenses 2:13-14, énfasis añadido).

Cuando reflexiono en esta extraordinaria verdad, no puedo evitar pensar en una poderosa historia que oí contar al difunto y gran predicador Dr. E. V. Hill —antiguo pastor de la emblemática Iglesia Bautista Misionera Mount Zion de Los Ángeles— cuando yo era joven. El agraciado predicador afroamericano hablaba en una conferencia a la que yo asistí, y su testimonio causó una poderosa impresión en un flacucho joven campesino que sentía el llamado a predicar.

Nacido en 1933, en las profundidades de la Gran Depresión, el Dr. Hill creció al otro lado de las vías en un pequeño pueblo de Texas a unos cien kilómetros al oeste de Houston. Desde la plataforma de esa conferencia compartió cómo, cuando era niño, le dijo a su madre: "Quiero ser pastor cuando sea mayor". La respuesta inmediata y afirmativa de su madre fue: "Bueno, entonces tendrás que ir a la universidad. Planéalo y trabaja en eso". Aceptó sus palabras y, a partir de ese momento, asumió que —después de la secundaria— iría a la universidad con la misma facilidad con la que pasó a ese nivel. Pero solo a medida que se acercaba la graduación de la escuela secundaria, las realidades económicas en cuanto a ir a la universidad se hicieron evidentes para él.

Una vez que se hizo una idea de los costos de los estudios y fue consciente de la pobreza de su familia, sus suposiciones sobre la universidad empezaron a desmoronarse. No queriendo que su madre sintiera una carga financiera que no podía soportar, recordó una conversación que fue así:

—Mamá, sigo pensando en ser pastor, pero puede que no vaya a la universidad.

—Hijo, vas a ir a la universidad.

—Mamá, he analizado los costos. Ni siquiera podemos adquirir los libros, mucho menos la matrícula y el alojamiento.

Ella lo miró a los ojos y le dijo:

—Hijo, Dios proveerá.

De hecho, cada vez que le planteaba el asunto a su madre, su respuesta era la misma: "Hijo, Dios proveerá".

Al fin llegó el día de matricularse en Prairieview A&M, cerca de Houston. Con gran inquietud e incertidumbre, subió a un autobús y se dirigió al recinto. Al llegar, fue al edificio de administración y se puso en la fila en la oficina de registro. Observó, con una creciente sensación de pánico, cómo cada estudiante que tenía delante sacaba dinero para pagar su primer semestre de estudios. Tenía poco más que unas monedas sueltas en el bolsillo. Sin embargo, debajo del ruido de su agitación emocional, podía oír débilmente la voz de su madre diciendo: "Dios proveerá".

Pronto se encontró al frente de la fila. Con la boca seca, sudando y sin habla, el Dr. Hill consideró seriamente salir corriendo hacia la puerta. En efecto, estaba a punto de hacerlo cuando el hombre que estaba detrás del mostrador levantó la vista y dijo: "¿Nombre?".

"Edward Victor Hill", consiguió susurrar.

El hombre pareció reconocer el nombre, tanteó en su escritorio durante un minuto y luego sacó un sobre. Se lo entregó a Hill, que lo abrió y encontró una carta en la que se le concedía una beca completa de cuatro años. Junto con la carta, el sobre contenía una nota manuscrita:

¡Dios proveerá!

Entonces el encargado de la inscripción agarró la factura correspondiente al costo del primer semestre —que incluía libros, matrícula, alojamiento y manutención— del Dr. Hill y la selló con la frase PAGADO EN SU TOTALIDAD.

No puedo mirar esas cuatro palabras en la página sin pensar en una de las últimas declaraciones de Jesús desde la cruz. Sus últimas palabras fueron: "Padre, en tus manos encomiendo mi espíritu" (Lucas 23:46). Pero antes de eso había gritado algo que resonó por los cañones que rodean Jerusalén y se hizo eco en sus antiguas murallas. Había gritado una sola palabra griega:

¡Tetelestai!

Nuestras traducciones castellanas de las Escrituras tienden a interpretar la palabra *tetelestai* como: "Está acabado". Y eso no es incorrecto, pero es insuficiente. En el antiguo mundo de habla griega, *tetelestai* también se escribía en los documentos comerciales o en los recibos de transacciones para indicar que una factura o deuda había sido satisfecha en su totalidad.

¿No pone eso el grito de nuestro Salvador desde la cruz bajo una nueva perspectiva? En el momento antes de entregar su espíritu en la muerte, después de sufrir un dolor inimaginable y la vergüenza y el abandono, Jesús hizo algo más que decir: "Este proceso está completo". No, estaba estampando la factura de su deuda y la mía con un sello, sumergido en tinta roja como la sangre, que decía: PAGADO EN SU TOTALIDAD.

Bajo esta luz podemos empezar a comprender lo insultante que es cuando intentamos ganar, merecer o pagar. Por favor, recuerde a la querida mujer que mencioné en la introducción —Empiece aquí— de este libro. Aquella que, cuando recibió un regalo extravagante, rápidamente se dedicó a intentar encontrar la manera de devolvérnoslo. Cuando Dios, por gracia, nos da la salvación —el favor, la ayuda, la liberación, el rescate— o cualquier otro regalo bueno y perfecto, es un insulto a su gracia tratarlo como si fuera un salario que hay que ganarse en vez de un regalo gratuito que hay que recibir. *Gratuito* es la palabra clave en esa frase anterior. Si se gana, entonces no es gratuito. Si es gratuito, entonces no se gana.

Hace varios años, vi un reportaje sobre un padre y un hijo extraordinarios que pintaron el cuadro más vívido que jamás he encontrado en cuanto a cómo actúa el don de Dios en nuestras vidas.

El reportaje era un perfil de Dick y Rick Hoyt. Rick nació con el cordón umbilical alrededor del cuello, lo que provocó que su cerebro quedara privado de oxígeno durante un tiempo en el parto. Eso dejó a Rick gravemente discapacitado en lo físico: incapaz de andar o hablar. A medida que crecían, los Hoyt descubrieron que Rick podía comunicarse con ellos moviendo los ojos. Finalmente aprendió a leer y escribir utilizando una tableta y un teclado especiales de un computador. Rick Hoyt fue una de las primeras personas del planeta en recibir y utilizar un dispositivo de este tipo.

> Cuando Dios, por gracia, nos da la salvación —el favor, la ayuda, la liberación, el rescate— o cualquier otro regalo bueno y perfecto, es un insulto a su gracia tratarlo como si fuera un salario que hay que ganarse en vez de un don gratuito que hay que recibir.

Cuando Rick tenía quince años, se enteró de que un compañero de clase había quedado paralítico en un accidente. Entonces supo que el colegio estaba organizando una carrera de cinco kilómetros con el fin de recaudar dinero para los gastos médicos del chico accidentado. Utilizando su tableta y su teclado, Rick le indicó a su padre que quería participar en esa carrera. Así que Dick Hoyt, que no era corredor, empezó a entrenarse a fin de prepararse para empujar a su hijo en silla de ruedas en la pequeña carrera de cinco kilómetros. Después, Rick estaba exultante. Dijo: "Papá, ha sido la primera vez en toda mi vida que no me he sentido discapacitado".

Eso inspiró a Dick a volver a vivir esa experiencia con su hijo. Y la repitió otra vez. Siguieron otras 5k y luego 10k y finalmente maratones. En cada uno de esos eventos, Dick empujaba a Rick toda la distancia recorrida. Como si los maratones no fueran suficientes, ¡los dos acabaron graduándose en triatlones! Un triatlón, por si no lo sabe, es un recorrido a nado de 2,4 millas (o 3.86 kilómetros) seguido de un maratón completo de 26,2 millas (o 42 kilómetros) seguido por otro recorrido en bicicleta de 112 millas (o 180 kilómetros). En la porción de natación, Dick nadó mientras remolcaba a Rick en una balsa. Para la porción de ciclismo, Dick pedaleó en una bicicleta hecha a medida con un asiento en la parte delantera para Rick.

Dick murió a la edad de ochenta años en 2021, pero antes de que su cuerpo se rindiera, él y Rick habían corrido setenta y dos maratones y 255 triatlones.

Eso, amigo mío, es una imagen de la gracia. Un Padre amoroso y compasivo llevándonos a lugares a los que nunca podríamos ir por nosotros mismos. ¿Lo ve? Usted y yo estamos en la silla. Cualquier cosa buena o de valor que hayamos hecho se debe enteramente a que el Padre nos ha estado empujando, remolcando y llevando todo el camino. No tenemos nada que aportar excepto nuestra voluntad de recibir. Estamos de pie ante la ventanilla del registro con los bolsillos vacíos y, sin embargo, sosteniendo un enorme billete impreso por un sello que dice: PAGADO EN SU TOTALIDAD.

No podemos pagar. Pero podemos estar agradecidos. ¿Quién no lo estaría? La gracia es el favor inmerecido, injustificado e impagable de Dios. Esa definición es un buen comienzo. Y sin embargo, acabamos de empezar a explorar y descubrir las maravillas de la *charis*. Continuemos.

CAPÍTULO 6

ASOMBROSAMENTE
INMUTABLE

"Lean mis labios. Nada de nuevos impuestos".

Esa famosa frase de la historia política estadounidense es una promesa que George H. W. Bush hizo en su discurso de la Convención Nacional Republicana de 1988 para aceptar la nominación de su partido a la presidencia de Estados Unidos. El señor Bush había hecho de la oposición al aumento de impuestos una pieza central de su campaña para suceder a Ronald Reagan. Llegó a ganar la elección a la Casa Blanca pero, como muchos presidentes antes que él, descubrió que —una vez en el cargo— cumplir las promesas no siempre es fácil.

En 1990, con las dos cámaras del Congreso en manos del partido de la oposición, Bush acabó firmando una ley fiscal de compromiso que aumentaba los impuestos en varias áreas. Dos años más tarde, el candidato Bill Clinton mencionó constantemente la promesa rota de Bush en sus discursos de campaña. Los anuncios televisivos del señor Clinton mostraban incesantemente aquella promesa de Bush en la convención "Lean mis labios" yuxtapuestos a su firma de la ley fiscal. La estrategia funcionó y "Bush 41" se unió a la muy corta lista de presidentes en ejercicio que no ganaron la reelección.

Por lo general, nos desagrada cuando nuestros líderes dicen una cosa y hacen otra. Sin embargo, los líderes en los ámbitos de la política y los negocios cambian de opinión todo el tiempo. Tienen que hacerlo. Son humanos. Cometen errores. Nunca tienen toda la información. Desde luego, no conocen el futuro. Quizá por eso a veces suponemos que Dios es igual. Pero él no es humano, no comete errores, tiene toda la información y *sí conoce* el futuro.

Por eso uno de los atributos clave de nuestro Padre celestial es su *inmutabilidad*. Es una palabra elegante que significa simplemente "inmutable e incambiable".

Es una palabra que encontramos en el sexto capítulo de Hebreos:

> Por lo cual, queriendo Dios mostrar más abundantemente a los herederos de la promesa la *inmutabilidad* de su consejo, interpuso juramento; para que por dos cosas *inmutables*, en las cuales es imposible que Dios mienta, tengamos un fortísimo consuelo los que hemos acudido para asirnos de la esperanza puesta delante de nosotros (Hebreos 6:17-18, énfasis añadido).

Insisto, la palabra *inmutabilidad*, y su afín, *inmutable* significan simplemente "invariable e incambiable". Ese es el significado de la palabra griega *ametathetos*, que se traduce como "inmutabilidad" en ese versículo. De hecho, otras traducciones utilizan allí la palabra *cambiar*. *Ametathetos* significa "fijo"... "inmóvil e inconmovible". Estas dos apariciones en este pasaje son los únicos lugares en los que aparecen en toda la Biblia.

Cuando usted mira la palabra *inmutable*, si entrecierra los ojos, puede ver la raíz de otro par de palabras incrustadas ahí. Me refiero a la raíz de las palabras *mutar* o *mutación*. Esos términos se refieren a un proceso de cambio. Por supuesto, el prefijo *in* significa "no". El *in* convierte la palabra *movible* en *inmovible*. Del mismo modo, el prefijo *in* convierte algo que puede mutar o cambiar en algo que no puede cambiar.

Estos versículos de Hebreos 6, así como un buen número de otros versículos de su Biblia, nos traen una verdad importante y reconfortante. Dios no puede cambiar. No tiene necesidad de cambiar porque es perfecto. Es inmutable y, en consecuencia, también lo son sus promesas y decretos. George H. W. Bush era, en mi opinión, un hombre bueno y decente. Sin embargo, él y todos los demás líderes de la historia de la humanidad, al ser humanos, tuvieron cambios de opinión y rompieron algunas promesas. Contrasta eso con la declaración de Números 23:19 (RVR1960), que dice: "Dios no es hombre para que mienta, ni hijo de hombre para que se arrepienta". O 1 Samuel 15:29 (RVR1960), que afirma: "Además, el que es la Gloria de Israel no mentirá, ni se arrepentirá, porque no es hombre para que se arrepienta". La palabra *Gloria* se escribe allí con mayúscula porque este versículo está hablando claramente de Dios. O, por ejemplo, Malaquías 3:6 (RVR1960), que declara: "Porque yo Jehová no cambio". O Tito 1:2: "Nuestra esperanza es la vida eterna, la cual Dios, que no miente, ya había prometido antes del comienzo del tiempo".

Sospecho que empieza a hacerse una idea. Dios no varía. No cambia de opinión. No puede mentir. La mayoría de los cristianos mirarían esa afirmación y dirían: "¡Por supuesto! Eso ya lo sé!". Y sin embargo...

Muchos creyentes no trasladan esa convicción a lo que entienden de la gracia. Puede que no sean plenamente conscientes de ello pero, en realidad, piensan que Dios —de alguna manera— cambia de opinión sobre la gracia una vez que son salvos. Saben plena y absolutamente que Dios los *salvó* por gracia. Pero asumen que ese don de Dios se mantiene mientras ellos "lleven la vida cristiana normal".

Su paradigma es que su entrada al parque temático llamado el Reino de Dios fue totalmente pagada como un regalo pero, una vez dentro del parque, hay un cajero en cada atracción con la mano extendida, exigiendo que paguen la cuota requerida para disfrutar de ella.

Hay que pertenecer al grupo demográfico de las personas con pelo plateado, como yo (¡apenas!), para recordar cuando Disneylandia funcionaba con un sistema de libro o talonario de boletos. Hoy, usted paga un precio en la puerta y monta en lo que quiera tantas veces como esté dispuesto a esperar en la cola. Pero no siempre fue así. Cuando yo era joven, Disneylandia tenía un sistema diferente. En la puerta, uno compraba un talonario de boletos o billetes. Esos boletos se designaban con una letra de la A hasta la E. El billete A le daba acceso a las cosas que ningún niño quería hacer o ver. Cosas como las exposiciones educativas. Los billetes B, C y D le permitían acceder a atracciones cada vez más emocionantes. Pero las mejores atracciones —las grandes montañas rusas y las aparatos emocionantes— requerían un billete E. Y una vez que se agotaban los E, se acababan, a menos que comprara más. Era un sistema de pago por uso. Así es precisamente como un número trágicamente elevado de creyentes piensa sobre su vida en Dios. Puede que no lo enmarquen en estos términos en su pensamiento pero, en realidad, se les ha enseñado que la vida cristiana es de "pague al usarlo".

> Su paradigma es que su entrada al parque temático llamado el Reino de Dios fue totalmente pagada como un regalo pero, una vez dentro del parque, hay un cajero en cada atracción con la mano extendida, exigiendo que paguen la cuota requerida para disfrutar de ella.

Así, por cierto, es como se acaba con las metáforas sobre los remos y el remar necesarios para ganarse el acceso a Dios o para llegar al cielo. Y en la raíz de todo este pensamiento yace la suposición de que Dios cambia el arreglo después de que usted se salva. Que la gracia le hace entrar en el vestíbulo de la casa, pero que después tiene que ganarse su sitio en la mesa. Pero ese no es el testimonio de la Palabra de Dios.

¿Se ha fijado alguna vez en la exhortación de Pablo en Colosenses 2:6?

Por eso, de la manera que recibieron a Cristo Jesús como Señor, vivan ahora en él.

Es una frase no muy extensa pero con un gran mensaje, con enormes implicaciones. El Espíritu Santo, a través de Pablo, está diciendo a los creyentes de Colosas la manera de llevar la vida cristiana. ¿Cómo? De la misma forma que la iniciaron. ¿Y cómo la empezaron? Según Efesios 2:8-9, "por gracia ... mediante la fe. Esto no procede de ustedes, sino que es el regalo de Dios y no por obras, para que nadie se jacte". En otras palabras, Dios no cambia los sistemas después que usted nace de nuevo. La forma en que entramos en Cristo es la misma en la que vivimos en él.

Esto queda aun más claro en los versículos que siguen inmediatamente a Colosenses 2:6. Veamos el versículo 7:

... arraigados y edificados en él, confirmados en la fe como se les enseñó y llenos de gratitud.

El don de Dios de la salvación por gracia hizo que fuéramos arraigados "en él [Jesús]" y luego edificados "en él". El resultado es que abundamos en "acción de gracias". ¿Recuerda el sistema patrón-cliente del capítulo 4, a través del cual se originó el concepto griego de *charis*? ¿Recuerda cuál era, en ese sistema, la obligación del cliente que recibía *charis* por parte de un patrón? La gratitud. O en palabras de Pablo: acción de gracias. Recibir el don *charis* de la salvación hace algo en nuestras vidas. La gracia produce de forma natural y orgánica ciertos efectos en nuestras vidas porque estamos firmemente arraigados y edificados en Jesús. Y ese proceso continúa a lo largo de nuestra vida en Dios, si evitamos salirnos de esa postura de humilde gratitud. Pablo aborda este peligro en el versículo siguiente:

Cuídense de que nadie los cautive con la vana y engañosa filosofía que sigue tradiciones humanas, la que está de acuerdo con los principios de este mundo y no conforme a Cristo. Porque toda la plenitud de la divinidad habita en forma corporal en Cristo; y en él, que es la cabeza de todo poder y autoridad, *ustedes han recibido esa plenitud* (Colosenses 2:8-10, énfasis añadido)

Una filosofía o teología que le aleje de la recepción agradecida —en gracia— le engaña, dice Pablo. La verdad es que, en él, estamos completos. Somos suficientes.

Este no es el único punto del Nuevo Testamento en el que recibimos este estímulo para permanecer en la gracia mediante la fe. O dicho de otro modo, a seguir teniendo fe en la gracia de Dios. Todo el libro de Gálatas es una carta de Pablo a un grupo de personas que estaban siendo seducidas lejos de la gracia y de vuelta al inerme sistema de seguir reglas, guardar la ley y tratar de pagar. Observe la severa y frenética advertencia de Pablo en los versículos iniciales del capítulo 3 de Gálatas:

> Una filosofía o teología que le aleje de la recepción agradecida —en gracia— le engaña, dice Pablo. La verdad es que, en él, estamos completos. Somos suficientes.

¡Gálatas torpes! ¿Quién los ha hechizado a ustedes, ante quienes Jesucristo crucificado ha sido presentado tan claramente? Solo quiero que me respondan a esto: ¿Recibieron el Espíritu por las obras que demanda la Ley o por la fe con que aceptaron el mensaje? ¿Tan torpes son? Después de haber comenzado con el Espíritu, ¿pretenden ahora perfeccionarse con esfuerzos humanos? ¿Han tenido tantas experiencias en vano? ¡Si es que de veras fue en vano! Al darles Dios su Espíritu y hacer milagros entre ustedes, ¿lo hace por las obras que demanda la ley o por la fe con que han aceptado el mensaje? (vv. 1-5)

Aquí Pablo se hace eco de la misma verdad que transmitió a los colosenses. A saber, que continúe la vida cristiana de la misma manera que la comenzó. Es decir, ¡con una humilde disposición a recibir la gracia! Dice, parafraseando el pasaje que acaba de leer:

¡Chicos! ¿Recibieron el don del Espíritu Santo —es decir, se salvaron y se llenaron del Espíritu— por gracia o haciendo algo para ganárselo? ¿Realmente se han vuelto tan tontos como para pensar que lo que solo pudo haber comenzado por el Espíritu, ahora lo van a continuar con sus propias fuerzas? ¿De verdad? Cuando ese mismo Espíritu hace milagros entre ustedes, ¿es porque se los han ganado y merecido? ¿O son regalos bondadosos de un Dador misericordioso por su Espíritu?

No, continuamos nuestra travesía con Dios de la misma manera que la comenzamos. Siendo lo suficientemente humildes como para admitir que estamos arruinados. Que estamos ante la ventanilla del registro de la universidad con unas pocas monedas en los bolsillos frente a una factura de miles de dólares.

Esta verdad se confunde mucho en el cuerpo de Cristo. Olvidamos que la gracia es el favor puro, inmaculado, inmerecido e injustificado de Dios extendido a las personas pecadoras y en bancarrota espiritual. Que la necesitamos tanto hoy como el día en que fuimos salvados. Que la forma en que Dios trata con nosotros no *muta* en algo diferente en el segundo día de nuestro trayecto como renacidos. ¿Por qué? Porque Dios y sus caminos son *inmutables*.

Un par de capítulos después, en Gálatas, el doctor Pablo nos escribe la receta para curar la "necedad" de alejarse del sistema de gracia de Dios:

Cristo nos libertó para que vivamos en libertad. Por lo tanto, manténganse firmes y no se sometan nuevamente al yugo de esclavitud (Gálatas 5:1).

> Olvidamos que la gracia es el favor puro, inmaculado, inmerecido e injustificado de Dios extendido a las personas pecadoras y en bancarrota espiritual.

¿Ve el contraste? Por un lado "Cristo nos libertó para que vivamos en libertad". La alternativa es "someternos nuevamente al yugo de esclavitud". Unos versículos más adelante, el doctor Pablo da un sombrío diagnóstico para los que han vuelto a caer de lleno en el infructuoso y frustrante sistema de reconocimiento, merecimiento y esfuerzo propio:

De Cristo os desligasteis, los que por la ley os justificáis; de la gracia habéis caído (Gálatas 5:4 RVR1960).

Por favor, tenga en cuenta que *desligado* no significa "divorciado". Muchos han interpretado la palabra caído, en la frase *de la gracia habéis caído,* como que una persona ya no es salva ni está conectada con Dios. Ese no es el mensaje aquí. Un cónyuge que ha elegido dormir en el sofá está distanciado, pero sigue estando muy casado.

Dios es inmutable. También lo son sus caminos. Y en este nuevo sistema establecido y sellado por la sangre de Jesús a través de su muerte sacrificial en la cruz, su alcance y la adopción por la que nos acogió a través de la gracia es inmutable, también. Este nuevo sistema es literalmente un nuevo *pacto.* Por cierto, Dios siempre ha optado por comprometerse, ayudar y bendecir a la humanidad a través del vehículo del pacto. Vemos estos con Adán, Noé, Abraham, Israel y otros numerosos grupos de personas. Vamos a explorar el concepto de pacto —acuerdo, convenio, alianza, etc.— más a fondo en el próximo capítulo pero, por ahora, solo sepa que esta es la razón por la que comenzamos este capítulo en Hebreos, el libro del Nuevo Testamento que más claramente explica cómo el nuevo pacto —hecho posible por la vida y la muerte sacrificial de Jesús— es particular y diferente del antiguo. Por ahora, basta con señalar que cuando hablo de la antigua alianza me refiero a aquella mediante la cual Dios convirtió a las tribus israelitas en un pueblo distinto con un papel especial que desempeñar en su plan de redimir al mundo entero. (Debido a que fue mediado por Moisés, a veces se le llama el pacto mosaico).

Frecuentaremos bastante el libro de Hebreos en los próximos capítulos. Pero por ahora, cerremos el círculo, volvamos al capítulo 6 de Hebreos y desentrañemos el versículo con el que empezamos:

> Por lo cual, queriendo Dios mostrar más abundantemente a los herederos de la promesa la *inmutabilidad* de su consejo, interpuso juramento; para que por dos cosas *inmutables*, en las cuales es imposible que Dios mienta, tengamos un fortísimo consuelo los que hemos acudido para asirnos de la esperanza puesta delante de nosotros (Hebreos 6:17-18, énfasis añadido)

Los "herederos de la promesa" a los que se hace referencia aquí son usted y yo, así como también todas las demás personas vivas o muertas que en algún momento dijeron sí a la divina oferta de gracia para que fuera su patrón y recibieron el abundante don de su *caris*. Todo este pasaje habla de las extravagantes promesas de Dios a Abraham. Promesas envueltas en el solemne e inquebrantable vehículo del pacto. (El pacto abrahámico, como se le conoce). Y como lo revela Pablo en Gálatas, todo el que está "en Cristo" —es decir, todo creyente— es heredero de todas las promesas hechas a Abraham (ver Gálatas 3:15-29). Y sabemos que Dios será fiel a esas promesas porque él es inmutable. Él no puede mentir. Así que esto produce esperanza... "la esperanza puesta delante de nosotros". Con eso presente veamos el siguiente versículo:

> Esta esperanza es un ancla firme y confiable para el alma...
> (Hebreos 6:19a).

"Esta esperanza..." ¿A qué esperanza se refiere con "esta"? La esperanza de que Dios no cambiará de opinión en cuanto a ninguna de las "grandísimas y preciosas promesas" (2 Pedro 1:4) que conforman el nuevo pacto. Vamos a profundizar mucho más en esas promesas de esta nueva alianza en la próxima parte. Pero, por ahora, solo quiero destacar lo que hace esta esperanza. Se convierte en "un ancla firme y confiable para el alma".

La navegación ha sido una parte importante de mi vida en las últimas décadas, así que sé un par de cosas sobre las anclas. De hecho, me considero humildemente una autoridad menor en el arte y la ciencia del anclaje. Hablo por experiencia cuando le digo que "firme y confiable" son cosas muy buenas cuando se trata de anclas.

Los destinatarios y lectores iniciales de la carta que se convirtió en nuestro libro bíblico llamado Hebreos eran judíos cristianos que vivían en medio de una época de intensa persecución y cambios convulsos. A esos creyentes mesiánicos en Jesús, debía parecerles como si todo su mundo estuviera zozobrando. Tormentas de problemas y cambios arreciaban a su alrededor. *Este* es el contexto de las palabras del escritor en Hebreos 6:17-18 sobre un Dios "inmutable" que no es capaz de mentir. Y los "que han huido para refugiarse" en Él deben tomar "fuerte consuelo" en ese conocimiento y "aferrarse a la esperanza puesta ante nosotros".

Fue esa esperanza en el cumplimiento de la promesa inmutable de un Dios fiel lo que permitió a aquellos creyentes tener un ancla "firme y confiable" para sus almas. Esa ancla sigue estando disponible para usted y para mí. Esta metáfora del "ancla" me parece muy verdadera. Invariablemente, después de un huracán, vemos fotografías de barcos muy dañados que han sido arrastrados por el viento o por sus ráfagas hasta tierra firme. Esa suele ser la señal de un anclaje que no era ni firme ni confiable. Cuando anclamos nuestras almas (nuestras mentes, voluntades y emociones) en la esperanza que proviene de saber que Dios es inmutable y cumple sus promesas, salimos airosos incluso de la más feroz de las tormentas de la vida.

Todo en Dios es inmutable, incluida su gracia. Él no comienza su relación basada en la gracia con usted y luego cambia de sistema en usted. Acabamos de ver la pregunta exasperada de Pablo a los creyentes de Galacia que parecían estar confundidos sobre ese punto. Él preguntó:

> ¿Tan torpes son? Después de haber comenzado con el Espíritu, ¿pretenden ahora perfeccionarse con esfuerzos humanos? (Gálatas 3:3).

Hoy en día, Pablo podría hacer la misma pregunta a muchos creyentes que intentan frenéticamente remar hacia el cielo o, al menos, hacia el favor de Dios. Muchos caen en la trampa de creer que consiguieron comenzar por la gracia pero, ahora, se supone que tienen que conseguir el resto del camino con esfuerzo, esforzándose y luchando; es decir, ganándose, mereciendo y esforzándose.

Todo en Dios es inmutable, incluida su gracia.

No, Dios es un Dios de pactos. Y la nueva alianza comienza y termina con la gracia inmutable de nuestro Dios inalterable. Esa nueva alianza es extraordinaria. Es una buena noticia en todos los sentidos imaginables de la expresión. Así que deberíamos explorarla, ¿no cree?

SEGUNDA PARTE

NUEVA Y MEJOR, PUNTO.

CAPÍTULO 7

UNA ALIANZA NUEVA Y MEJOR

No lo vieron venir. Ninguno de ellos.

Ni los fariseos con su obsesivo y meticuloso análisis de la ley y los profetas en las sinagogas. Ni los saduceos con su educación elitista y su acceso a las más grandes mentes judías de su tiempo. Tampoco los levitas que ministraban en el templo de Herodes todos los días con el sumo sacerdote como líder. Eso, simplemente, no estaba en su radar. Igual de inconscientes eran los setenta y dos miembros del Gran Sanedrín —el equivalente en el judaísmo a nuestro Tribunal Supremo— que se reunían cada día en un edificio del complejo del templo llamado la "Salón de las Piedras Labradas".

Ninguno de ellos, aun con el beneficio de siglos acumulados de profundizar en las Escrituras, parecía haber esperado que el Mesías hiciera lo que Jesús hizo realmente cuando llegó.

Sí, esperaban al Mesías. De hecho, en el momento en que Jesús entró en escena, su expectativa —largamente latente— ya estaba en plena ebullición. Pero la expectativa predominante era que el Mesías sería un paladín como David y un ejecutor de la alianza mosaica de Dios con Israel, de quince siglos de antigüedad.

No el portador de una nueva.

¿Un nuevo convenio con el pueblo especial de Dios? Eso era sencillamente impensable. Pero no debería haberlo sido. Estaba ahí mismo, en el libro del profeta Jeremías, en un lenguaje claro y sin ambigüedades:

"He aquí que vienen días, dice el SEÑOR, en los cuales haré *nuevo pacto* con la casa de Israel y con la casa de Judá. No como el pacto que hice con sus padres el día que tomé su mano para sacarlos de la tierra de Egipto; porque ellos invalidaron mi pacto, aunque fui yo un marido para ellos, dice Jehová. Pero este es el pacto que haré con la casa de Israel después de aquellos días, dice Jehová: Daré mi ley en su mente, y la escribiré en su corazón; y yo seré a ellos por Dios, y ellos me serán por pueblo. Y no enseñará más ninguno a su prójimo, ni ninguno a su hermano, diciendo: Conoce a Jehová; porque todos me conocerán, desde el más pequeño de ellos hasta el más grande, dice Jehová; porque perdonaré la maldad de ellos, y no me acordaré más de su pecado (Jeremías 31:31-34 RVR1960, énfasis añadido)

Un "nuevo pacto". Dios pronunció esta profecía a través de Jeremías unos seiscientos años antes del nacimiento de Jesús. Y este acuerdo venidero no solo será "nuevo", decía la profecía, sino también *diferente* del que Dios había hecho con los israelitas inmediatamente después de liberarlos de la esclavitud en Egipto. Este nuevo convenio "no será como" el que Dios hizo con sus antepasados. En otras palabras, el pacto que Jeremías preveía que Dios haría "con la casa de Judá y la casa de Israel" sería un *tipo* diferente al que habían conocido anteriormente. Como veremos al continuar este trayecto, ¡esta es una clave muy importante para comprender la gracia!

Hay varias cosas que son vitales para comprenderla. Insisto, Dios siempre ha elegido trabajar con la humanidad a través de pactos. Esa es, simplemente, su manera de actuar. Este uso de esos acuerdos revela que hay un orden legal o judicial en la forma en que Dios hace las cosas. Dios no es incoherente ni caprichoso. No es un desordenado. Al contrario, él saca orden del caos. Y para sostener ese orden enmarcó el universo con un cierto conjunto de leyes y principios que, en su justicia y su santidad, no puede violar.

(Recuerde la inmutabilidad de Dios. ¡Él no puede cambiar!) Esto nos ayuda a entender por qué Dios opera mediante pactos, los cuales constituyen un acuerdo legal sagrado entre las partes. Pero, como sugiere la profecía de Jeremías y como usted está a punto de ver, hay más de un tipo de pactos.

Como mencioné en el capítulo anterior, Dios hizo pactos con Adán y con Eva, con Noé y con Abraham. Luego, cuando llegó el momento de que Dios volviera a tener un pueblo del pacto en la tierra, eligió a Moisés para que fuera el mediador de su acuerdo con los israelitas. Ahora quédese conmigo un poco más mientras le doy una breve lección de historia que será súper beneficiosa para su comprensión de lo verdaderamente asombrosa que es la gracia de Dios.

> Dios siempre ha elegido trabajar con la humanidad a través de pactos. Esa es, simplemente, su manera de actuar.

Nuestro Dios de gracia siempre nos encuentra donde estamos y nos habla en términos que podemos entender. Habla nuestro idioma, no nos exige que aprendamos el suyo. Menciono esto porque cuando llegó el momento de hacer un pacto con los israelitas, Dios eligió una forma de convenio con la que ellos —especialmente Moisés, como príncipe de Egipto— ya estarían familiarizados.

Aquí es donde necesito que permanezca conmigo. ¡Esto se pone muy bueno! En el antiguo mundo de la Biblia, había básicamente dos tipos de pactos o tratados entre los reyes de las naciones o los jefes de las tribus. El primero se llama tratado de vasallaje suzerain. El segundo se llama tratado de paridad.

Suzerain es solo una palabra elegante que describe a un rey

> Nuestro Dios de gracia siempre nos encuentra donde estamos y nos habla en términos que podemos entender.

muy poderoso que se encuentra en una posición dominante sobre otros reyes vecinos. En la antigüedad, un rey más fuerte podía dirigirse a uno de sus vecinos más débiles (el posible vasallo) y decirle algo parecido a lo siguiente:

> Mire, ambos sabemos que podría aplastarlo como a un insecto. Podría entrar aquí con mis vastos ejércitos, destruir todas las ciudades, acabar con sus ejércitos, matarlo y apoderarme de su país. Pero, ¿de qué me serviría eso? Tendría una nueva porción de tierra con ciudades destruidas que tendría que gobernar. Sin embargo, tengo otra opción. Redactemos un tratado en el que usted promete serme leal, me paga un tributo anual que simbolice esa lealtad y me preste algunos de sus soldados si los necesito. A cambio, no solo no lo destruiré, sino que lo protegeré si es atacado. ¿Qué opción elige?

Este tipo de tratados eran muy comunes en el antiguo Cercano Oriente. Los arqueólogos han desenterrado decenas de ellos tallados en piedra o prensados en tablillas de arcilla. El Antiguo Testamento también los menciona en numerosas instancias. Por ejemplo, en 2 Reyes 17:3 (RVR1960):

> Contra este subió Salmanasar rey de los asirios; y Oseas fue hecho su siervo, y le pagaba tributo.

Aquí tiene otra:

> En su tiempo subió en campaña Nabucodonosor rey de Babilonia. Joacim vino a ser su siervo por tres año (2 Reyes 24:1 RVR1960).

Los términos de estos pactos entre soberanos y vasallos siempre se detallaban en documentos redactados como tratados que tenían una estructura común. Considere eso. Pero como he mencionado, había otra forma usual de convenios entre reyes o líderes tribales en esa época.

El pacto de paridad era un tratado entre dos reyes con poder y estatus relativamente iguales. Se trataba de un convenio en el que dos líderes o reyes se reunían y se juraban lealtad mutua. Cada uno le decía al otro algo parecido a lo siguiente:

Si lo atacan a usted, lo consideraré un ataque contra mí y saldré en su defensa. Si tiene una necesidad, se la supliré en la medida de mis posibilidades. Lo que es mío es suyo. Ahora somos familia.

Eso implicaba algo llamado pacto de corte, porque las dos partes podían hacerse una cortadura en las palmas de las manos o en las muñecas y luego se estrechaban las manos, haciendo que su sangre se mezclara. (Atención, cinéfilos de los años setenta: Hay una gran escena al final de la película *El fugitivo Josey Wales,* en la que el protagonista —Clint Eastwood— hace eso mismo con el jefe de una tribu india cercana). Insisto, este tipo de pacto convertía a dos familias o pueblos separados en "uno". La ceremonia también incluía a veces el corte de uno o más animales por la mitad. Los pactantes caminaban entre los cadáveres de los animales cortados por la mitad mientras juraban: "Que me pase esto o algo peor si alguna vez violo mi fidelidad a este pacto". (¡Profundizaremos al respecto más adelante!) Un acuerdo de este tipo solía sellarse con un intercambio simbólico de objetos —a menudo anillos o túnicas— y culminaba con una comida. Como puede ver ahora, otro buen nombre para un pacto de paridad sería de igual a igual.

Me tomé el tiempo para explicar todo esto porque está directamente relacionado con la profecía de Jeremías sobre el "nuevo pacto" que Dios haría un día con las casas de Judá e Israel. Su profecía reveló que ese tratado sería de un tipo diferente al que Dios hizo con los israelitas a través de Moisés. Y lo que mucha gente no entiende es que el pacto mosaico se basaba en el modelo señor-vasallo o —lo que conocemos como— ¡suzerainvasal!

Muchos eruditos bíblicos han señalado que toda la estructura del libro de Deuteronomio —en el que se exponen más detalladamente los términos de la alianza de Dios con los israelitas— coincide estrechamente con la estructura de esos antiguos documentos de tratados entre señores y vasallos. No es casualidad. Dios eligió esa forma de pacto por un par de razones.

En primer lugar, tal cual lo mencioné —como hijo adoptivo del faraón— Moisés habría estado íntimamente familiarizado con el concepto del tratado suzerainvasal. Egipto, como potencia mundial, había elaborado este tipo de tratado con naciones más débiles muchas veces. Moisés habría tenido un asiento en primera fila para tales negociaciones y firmas de tratados.

En segundo lugar, Dios eligió esta forma de alianza porque la otra —el pacto de paridad— simplemente no estaba a su disposición. Al menos no todavía. Para hacer un acuerdo paritario, hay que tener un par en la otra tribu —alguien de poder y estatus comparables— con quien cortar —literalmente— el pacto. En ese momento de la historia redentora no había ningún humano en la tierra que pudiera estar cara a cara con Dios como igual. Así que, en vez de eso, Dios eligió hacer del pueblo israelita su "vasallo" especial. La forma abreviada del tratado se talló en unas tablas de piedra, por delante y por detrás. Eran dos tablas porque cuando se firma un contrato de alianza, ambas partes reciben una copia del documento (ver Éxodo 31:18). La forma larga del pacto es el libro del Deuteronomio.

Ahora bien, hay una cosa más que debe saber sobre la manera en que se establecía un convenio entre soberano y vasallo: era un acuerdo *condicional*. En otras palabras, todas las bendiciones y protecciones que el soberano se compromete a proporcionar al vasallo están condicionadas a que este permanezca leal y fiel al acuerdo. Si el vasallo viola el pacto, el soberano queda liberado de sus obligaciones en virtud del acuerdo. Así que el rey superpoderoso se acerca al débil vasallo y le ofrece una serie de promesas del tipo "si ... entonces": "Si tú haces X ... entonces yo haré Y". Si ... ¡entonces! Los libros de Éxodo, Números y Deuteronomio están repletos de ejemplos en los que Dios enmarca las promesas a Israel justo en esos términos. Es un ejercicio fascinante e iluminador recorrer el Antiguo Testamento y encontrar todos los escenarios en los que Dios le dijo a Israel: "Si haces esto, entonces yo haré esto".

Uno de los más conocidos es el que se presenta en 2 Crónicas 7:14 (RVR1960):

> *Si* se humillare mi pueblo, sobre el cual mi nombre es invocado, y oraren, y buscaren mi rostro, y se convirtieren de sus malos caminos; *entonces* yo oiré desde los cielos, y perdonaré sus pecados, y sanaré su tierra (énfasis añadido).

En el capítulo 28 de Deuteronomio, Dios está resumiendo básicamente los términos y las implicaciones de la relación señor-vasallo que acababa de establecer a través de Moisés. Ese capítulo comienza con estas palabras

> "*Si* obedeces al Señor tu Dios en todo y cumples cuidadosamente sus mandatos que te entrego hoy, *[entonces]* el Señor tu Dios te pondrá por encima de todas las demás naciones del mundo" (Deuteronomio 28:1 NLT, lo agregado es mío).

"Si... entonces". Este aspecto del tipo de pacto entre soberanos y vasallos explica por qué Dios tuvo la libertad legal de hablar un día a un profeta llamado Jeremías sobre un nuevo pacto. Un tipo diferente de pacto... *si* los términos del antiguo habían sido violados repetidamente. Y lo habían sido.

He aquí una gran noticia. No tenemos que preguntarnos qué significaba la profecía de Jeremías. Tenemos las Escrituras del Nuevo

Testamento que dejan eso muy claro. Por cierto, el intérprete más fiable del Antiguo Testamento es el Nuevo Testamento. Cuando un versículo o pasaje del Nuevo Testamento explica lo que quería decir un pasaje del Antiguo Testamento, deberíamos creerlo, ¿le parece? Y deberíamos hacerlo aun cuando esa interpretación nos sorprenda o no se ajuste a nuestras nociones teológicas preconcebidas. Deberíamos empezar por el capítulo 8 de Hebreos, que cita palabra por palabra la profecía de Jeremías. Pero antes dice esto respecto a Jesús.

> Pero ahora tanto mejor ministerio es el suyo, cuanto es *mediador de un mejor pacto, establecido sobre mejores promesas.* Porque si aquel primero hubiera sido sin defecto, ciertamente no se hubiera procurado lugar para el segundo (Hebreos 8:6-7 RVR1960, énfasis añadido).

Aun cuando Moisés fue el mediador del antiguo pacto, aquí aprendemos que el mediador del nuevo es el propio Jesús. Note también que el nuevo pacto que Jesús medió para nosotros es "mejor" que el antiguo y está establecido sobre "mejores promesas". Y observe también que el antiguo pacto no era inmaculado. Tenía algunas fallas o defectos que le impidieron lograr lo que Dios pretendía en última instancia (que es restaurar a la humanidad de nuevo a la comunión íntima consigo mismo). Después de entregar esta nueva y mejor revelación, el autor de Hebreos se anticipa a que sus lectores judíos se hagan la pregunta: "¿Por qué?".

Por eso el escritor comienza la siguiente expresión con "Pero..." y luego procede a citar toda la profecía de Jeremías:

> Cuando un versículo o pasaje del Nuevo Testamento explica lo que quería decir un pasaje del Antiguo Testamento, deberíamos creerlo, ¿le parece?

Pero Dios, reprochándoles sus defectos, dijo: "Vienen días", afirma el Señor, "en que haré un nuevo pacto con Israel y con Judá. No será un pacto como el que hice con sus antepasados el día en que los tomé de la mano y los saqué de Egipto, *ya que ellos no permanecieron* fieles a mi pacto, y yo los abandoné", dice el Señor. "Este es el pacto que después de aquel tiempo haré con el pueblo de Israel», afirma el Señor. "Pondré mis leyes en su mente y las escribiré en su corazón. Yo seré su Dios y ellos serán mi pueblo. Ya no tendrá nadie que enseñar a su prójimo; tampoco dirá nadie a su hermano: '¡Conoce al Señor!', porque todos, desde el más pequeño hasta el más grande, me conocerán. *Yo perdonaré sus iniquidades y nunca más me acordaré de sus pecados*" (Hebreos 8:8-12, énfasis añadido).

Entonces, ¿cuáles son las implicaciones de la llegada de este nuevo pacto basado en mejores promesas? ¿Cuál es el papel de Jesús en ese convenio? ¿Y qué tiene que ver todo esto con la gracia?

Las respuestas a todas esas preguntas y más se encuentran en las páginas que siguen. Esté alerta: ¡hay buenas noticias más adelante!

CAPÍTULO 8

LO NUEVO Y LO MEJOR FRENTE A LO OBSOLETO Y LO QUE DESAPARECE

Mis disculpas de antemano por la ilustración gráfica, pero la gente que creció en una granja hace un par de generaciones sabía bien que se le puede cortar la cabeza a un pollo y este seguirá corriendo por el corral durante un rato. Pero, al final, caerá a tierra para acabar guisado en una olla.

Un avión en vuelo puede perder toda la potencia del motor y seguir planeando durante un tiempo. Pero, al final, la gravedad hará lo único que sabe hacer: irse en picada hacia abajo.

Mi punto es que hay muchos ejemplos en la vida de cosas que, en efecto, mueren pero que aún continúan vivas por un tiempo. Me acuerdo de esa realidad cada vez que leo el libro de Hebreos. Una obra escrita en una época de transición. Un tiempo en el que la alianza mosaica —con su sistema de 613 leyes y reglamentos con todos los ritos y ceremonias del templo— había quedado obsoleta porque Jesús la había cumplido por completo (ver Mateo 5:17-18) y, sin embargo, la alianza seguía moviéndose.

Como sugiere el propio nombre del libro, Hebreos fue escrito al pueblo judío. Se desconoce la identidad exacta del autor, pero la teología del libro es muy paulina. Así que si no fue escrito personalmente por Pablo, sin duda lo redactó alguien que había sido profundamente influido por la revelación directa y personal de Pablo sobre Jesús y su misión. Los eruditos, por lo general, fechan la redacción de esta carta a mediados de la década de los 60, es decir, hacia el año 65 o 66 D. C.

En otras palabras, en el momento en que se escribieron estas líneas habían transcurrido aproximadamente tres décadas y media desde que Jesús ascendió al cielo y, diez días después, derramó el Espíritu Santo sobre ciento veinte de sus seguidores en Pentecostés. El primer sermón ungido por el Espíritu Santo se predicó aquel día trascendental, cuando Pedro —acompañado por un puñado de otros discípulos recién bautizados con fuego— salió del aposento alto y comenzó a hablar. Tres mil judíos, de diversos puntos de todo el mundo conocido, escucharon y respondieron a un mensaje totalmente nuevo. Ese mensaje fue que Jesús de Nazaret era el cumplimiento de todo lo que la ley y los profetas habían estado señalando a través de las Escrituras del Antiguo Testamento. Lo dijo el propio Jesús resucitado.

> Entonces dijo [a los discípulos]: "Cuando estaba con ustedes antes, les dije que tenía que cumplirse todo lo escrito acerca de mí en la ley de Moisés, en los profetas y en los Salmos". Entonces les abrió la mente para que entendieran las Escrituras (Lucas 24:44-45, lo agregado es mío).

Jesús dijo estas cosas antes de ascender al cielo. Así que no es de extrañar que este se convirtiera en el mensaje de los discípulos cuando abordaban las famosas carreteras romanas para dar a conocer, a sus compatriotas judíos, que el Mesías había venido y —al igual que las Escrituras de la antigua alianza profetizaron— había padecido; había sufrido una muerte sacrificial y expiatoria; y había resucitado a la diestra del Padre que está en los cielos.

Los discípulos y sus conversos iban adonde se establecían las comunidades judías, predicando en sus sinagogas y plazas de mercado. Incluso Pablo, el autoproclamado "apóstol de los gentiles", hacía de la sinagoga local su primera parada cuando entraba en una nueva ciudad. ¿Por qué? Él responde a esa pregunta en Romanos 1:16:

> A la verdad, no me avergüenzo del evangelio, pues es poder de Dios para la salvación de todos los que creen: de los *judío primeramente*, pero también de los que no son judíos (énfasis añadido)

Como resultado, en los meses, años y décadas que siguieron al emotivo día de Pentecostés, cientos de miles de judíos se convirtieron en seguidores de Jesús. Surgieron comunidades de judíos creyentes por todas partes, pero la más antigua, grande e influyente de las congregaciones mesiánicas estaba en la ciudad madre, Jerusalén, el lugar donde todo comenzó. Así pues, algunos creen que la carta que llamamos Hebreos fue escrita por un líder de la Iglesia en Roma a los creyentes judíos de Jerusalén, pero pensando en las congregaciones predominantemente judías de todas partes.

El contenido de la carta también supone que a esas congregaciones asistían judíos que aún no se habían comprometido plenamente. Personas curiosas, intrigadas por Jesús, atraídas por los milagros, cautivadas por el amor de los hermanos y hermanas... y que, sin embargo, no habían entregado auténticamente sus corazones y sus vidas. En cierto sentido, tenían un pie en la nueva alianza y otro en la antigua. El libro de Hebreos contiene varias advertencias crudas y aleccionadoras para esas personas.

Con solo un poco de contexto histórico, podemos entender por qué muchos eran reacios a abrazar a Jesús como Mesías, rendirse a él y unirse a su movimiento. El libro de Hebreos fue escrito en una época de intensa presión y persecución de la iglesia naciente. Esa persecución provenía de dos lugares.

En primer lugar, desde el principio la clase dirigente judía de Jerusalén se opuso al movimiento de Jesús y lo persiguió. En poco tiempo, ese plan se extendió más allá de Jerusalén a todos los lugares a los que iban los discípulos de Jesús para difundir su fe en las sinagogas. El propio Pablo se encontró con este contramovimiento en numerosas ciudades tras su conversión en el camino de Damasco. Estuvo a punto de morir apaleado en numerosas ocasiones. Pero esa no era la única fuente de presión sobre la joven iglesia de Jesucristo.

Hacia los años 60, fecha probable en que se escribió el libro de Hebreos, la incipiente iglesia se enfrentaba a la persecución de una segunda fuente: el imperio romano.

Todo eso significaba que para cualquier judío que pensara en profesar su fe en Jesucristo, no era una decisión casual. Por un lado, esa persona probablemente sería, en el mejor de los casos, repudiada tanto por la familia como por la comunidad. Por el otro, significaba enfrentarse hasta al encarcelamiento, la tortura y la muerte a manos de los romanos.

> Hacia los años 60, fecha probable en que se escribió el libro de Hebreos, la incipiente iglesia se enfrentaba a la persecución de una segunda fuente: el imperio romano.

A la luz de lo que ahora sabe, esta conocida exhortación adquiere un nuevo significado:

> Y considerémonos unos a otros para estimularnos al amor y a las buenas obras, no dejando de congregarnos, como algunos tienen por costumbre, sino exhortándonos; y tanto más, cuanto veis que aquel día se acerca (Hebreos 10:24-25 RVR1960).

Ese "día" fue el cumplimiento próximo de lo que Jesús había profetizado y de lo que sus discípulos habían estado predicando por todo el mundo conocido. Es decir, un juicio sobre Jerusalén que pondría fin de una vez por todas al sistema de sacrificios, que era la esencia de la antigua alianza. Esto explica por qué Hebreos también está lleno de funestas advertencias a los lectores judíos que merodeaban por los márgenes de las asambleas del pueblo de Jesús pero que aún no se habían comprometido ni rendido. Entre esas advertencias se incluye esta, que hace referencia a los israelitas incrédulos que se negaron a entrar en la tierra prometida:

> Temamos, pues, no sea que permaneciendo aún la promesa de entrar en su reposo, alguno de vosotros parezca no haberlo alcanzado. Porque también a nosotros se nos ha anunciado la buena nueva como a ellos; pero no les aprovechó el oír la palabra, por no ir acompañada de fe en los que la oyeron (Hebreos 4:1-2).

Por todo esto es que digo que la carta a los Hebreos se escribió y circuló durante una época transitoria entre los dos grandes pactos. Algo así como en una manera *encubierta*, que creo es el término más adecuado para ello. Jesús había pronosticado —en forma célebre— la destrucción del templo de Jerusalén. Pero ya habían pasado más de tres décadas y no había ocurrido nada. Los rituales del templo seguían celebrándose, día tras día, año tras año. Los sacrificios anuales del día de la expiación y los de la Pascua —los que los discípulos de Jesús seguían afirmando que señalaban a Cristo y a su muerte sacrificial— seguían ofreciéndose en la colina del magnífico templo de Herodes. "Entonces, ¿Cómo podría Jesús haber cumplido eso si todavía ellos estaban celebrándolos?", argumentaban los escépticos.

Para muchos de sus seguidores, eso era un problema. Pero para los opositores del nuevo movimiento de Jesús, parecía ser una prueba de que sus afirmaciones eran falsas. Recordemos que una de las aseveraciones que las élites judías utilizaron para acusar a Jesús se centraba en su declaración de que no quedaría piedra sobre piedra del templo (ver Mateo 24:2 y Lucas 21:6). Tanto Jesús como Juan el Bautista advirtieron de un juicio venidero. Pero en la época en que se escribió el libro de Hebreos, no había sucedido nada de eso.

Lo que pocos o nadie comprendía en la época en que se escribió Hebreos era que la profecía de Jesús estaba a solo cuatro o cinco años de cumplirse por completo. En vísperas de la Pascua del año 70 d. C. —es decir, cuarenta años después de la crucifixión de Jesús—, los ejércitos romanos comenzaron a cercar Jerusalén. Jesús había advertido a sus seguidores que esa era la señal para huir inmediatamente de la ciudad y escapar a las colinas de Judea, cosa que —según atestigua la historia de la iglesia— hicieron. Los ejércitos del general Tito sitiaron la ciudad y finalmente abrieron una brecha en sus murallas. Antes de que terminaran, lo que Jesús había profetizado se había cumplido completa y totalmente.

Ahora entiende por qué abrí este capítulo con la mención del proverbial pollo sin cabeza y un avión sin potencia que aún planea con impulso. La llegada del nuevo pacto puso fin a la necesidad del antiguo. Pero el antiguo había seguido planeando durante varias décadas. El libro de Hebreos es la explicación más clara y detallada del Nuevo Testamento sobre la relación entre el antiguo y el nuevo pacto.

> La llegada de la nueva alianza puso fin a la necesidad de la antigua.

Y no se puede empezar a entender la gracia sin esta comprensión.

La antigua alianza, con Moisés como mediador, se había promulgado en una temporada que comenzó con la primera Pascua y culminó cincuenta días después con la entrega de la ley en el monte Sinaí.

La nueva alianza, con Jesús como mediador, se había promulgado en una temporada que comenzó con su muerte en la víspera de la Pascua en el monte Sión y culminó cincuenta días después con el derramamiento del Espíritu Santo en el día de Pentecostés.

Ese antiguo pacto implicaba leyes escritas en tablas de piedra. Pero los requisitos del nuevo pacto estaban, en cambio, escritos en cada corazón individual.

Como hemos visto, esa revelación había estado grabada en el capítulo 31 de Jeremías durante siglos. Y se cita extensamente en el capítulo 8 de Hebreos. Allí, la Biblia deja muy claro que Jesús, y la nueva forma de vivir en Dios que él introdujo, fue y es el cumplimiento de la profecía de Jeremías. También leemos Hebreos 8:6, que declara que el nuevo es un "mejor pacto... establecido sobre mejores promesas".

> Ese antiguo pacto implicaba leyes escritas en tablas de piedra. Pero los requisitos del nuevo pacto estaban, en cambio, escritos en cada corazón individual.

Todo eso ya era bastante notable. Pero, siguiendo con la iluminación de la profecía de Jeremías, el escritor de Hebreos deja caer —unos versículos más adelante— una verdadera bomba. En el último versículo del capítulo 8 vemos:

> Al llamar "nuevo" a ese pacto, ha declarado obsoleto al anterior; y lo que se vuelve obsoleto y envejece ya está por desaparecer (Hebreos 8:13).

¿Lo ve? Lo nuevo hace "obsoleto" lo viejo. Y para asegurarse de que no pasamos por alto las implicaciones de esa afirmación, el escritor nos lo explica amablemente. Recuerde, esto se está escribiendo en el período transitorio entre los dos pactos. En el momento en que Jesús derramó el Espíritu Santo el día de Pentecostés —y escribió los términos de la buena noticia de su nuevo pacto en los corazones de los renacidos— el antiguo quedó completamente obsoleto. Y lo obsoleto, nos informa el escritor, está "envejeciendo" y está a punto de "desaparecer". ¡Y tenía razón!

Pero ¿por qué? Ese misterio se resuelve a continuación.

CAPÍTULO 9

¿POR QUÉ UN NUEVO PACTO?

Ajuste. Para las personas que viajan con frecuencia, esta puede que sea la palabra más conveniente del léxico castellano. Ya se trate de un vuelo, de un auto de alquiler o de una habitación de hotel, un ajuste que supere lo esperado nunca es algo malo. En otras palabras, es una *buena noticia.*

Estoy seguro de que no tengo que decirle que todo lo que Dios hace es bueno. Él no comete errores. Nunca hace algo y, de repente, se le ocurre una idea mejor. Así que, a la luz de lo que hemos estado viendo, eso presenta algunas preguntas.

¿Cómo podemos explicar el hecho de que, alrededor de mil quinientos años, después de elaborar e instituir un pacto meticulosamente detallado con los israelitas, Dios introdujera un pacto mejor en el transcurso de la historia? ¿Cómo podría Dios mejorar algo que él mismo había hecho? Y si había un tipo de pacto mejor, ¿por qué Dios no *lo* estableció desde el principio? Usted está a punto de conocer la respuesta a esas preguntas.

En los dos capítulos anteriores aprendimos que Jesús inauguró un pacto nuevo y mejor que el establecido con los israelitas a través de Moisés. *Uno* diferente. Vimos que el pacto original se basaba en el modelo suzerainvasal, derivado de un tratado entre reyes o naciones. Este tipo de pacto era un acuerdo *condicional* (si... entonces). En este modelo, el socio poderoso, el soberano o Señor, daba al vasallo una lista de reglas que debía seguir. Y *si el vasallo* seguía fielmente esas reglas, el soberano *le* proporcionaba protección, provisiones y otras bendiciones. Pero si el vasallo violaba los requisitos del tratado (las estipulaciones o leyes), el acuerdo preveía graves castigos (sanciones). Y si el vasallo seguía violando las estipulaciones y se rebelaba, el soberano podía rescindir el pacto por completo. Esto, de nuevo, hacía de ese tipo de pacto uno condicional.

También vimos que la nueva alianza, establecida y mediada por Jesús, se basaba en un modelo diferente. Un pacto de paridad se establece entre dos iguales que se prometen lealtad y apoyo mutuos. Las dos partes que intervienen en un pacto de paridad son pares —o iguales— que se dicen, incondicionalmente:

Lo que yo tengo está a su disposición. Lo que es mío es de usted. Si le atacan, lo considero un ataque contra mí. Somos familia. Somos uno.

Quizá ahora empiece a ver por qué este no fue el primer tipo de pacto que Dios instituyó. Recuerde, un pacto de paridad es el que se concreta entre iguales. Si usted es el jefe de una tribu y quiere establecer un pacto de este tipo con otra tribu, tiene que contar con un par que esa otra tribu debe tener. Nuestra "tribu" era la humanidad. La humanidad perdida, rota, profanada por el pecado. ¿Dónde iba a encontrar Dios un par entre nosotros? ¡No había ninguno! Eso significaba que el mejor pacto de paridad no estaba a la disposición de él. Al menos, ¡no todavía!

Sin embargo, desde el principio, desde el mismo día de la Caída de la humanidad en el jardín, Dios tenía un plan para restaurar nuestra comunión íntima con él. La antigua alianza no curó la terrible herida que el pecado había infligido, es decir, la pérdida de la relación íntima con el Creador. En el mejor de los casos, solo podía servir como una venda adhesiva —que se usaría cada año— para cubrir la herida. No, la pieza central de ese plan para la sanación completa requería traer a la tierra un semejante humano de Dios... un ser humano que pudiera representar a toda la humanidad en un pacto de igual a igual con Dios. Así que inmediatamente después de la Caída, mientras Dios está pronunciando las terribles implicaciones de lo que Adán y Eva hicieron, inserta una nota de esperanza. Habla de un día en el que un descendiente, o "semilla", de la primera mujer aplastaría o "pisotearía" la cabeza de la serpiente engañadora que había instigado esta catástrofe. A esa serpiente, Dios le dijo:

> Y pondré hostilidad entre tú y la mujer, y entre tu descendencia y la descendencia [simiente] de ella. Su descendiente te golpeará la cabeza, y tú le golpearás el talón» (Génesis 3:15 NTV, adición mía).

Las palabras de Dios aquí son significativas pero intencionadamente vagas. No se atrevió a revelar todas las implicaciones de su plan para deshacer el daño que se había hecho. Lo que ahora sabemos en retrospectiva es que este "Descendiente" prometido sería plenamente humano y, sin embargo, también plenamente Dios. Uno de sus nombres sería Emanuel, que significa "Dios con nosotros".

Sí, Jesús era el plan de Dios desde el principio. Como deja claro el libro de Hebreos, Jesús era el mediador del nuevo y mejor pacto. Moisés representó a los israelitas en el monte Sinaí en la forja de aquel pacto de vasallaje con Dios. Y mil quinientos años después, Jesús representó tanto a Israel *como a* toda la humanidad en la forja de un pacto paritario con él.

Este nuevo pacto era esencialmente entre Dios Padre y Dios Hijo. La única manera de que usted o yo —o cualquier otro humano caído y pecador— pudiéramos estar incluidos en ese convenio es estando "en" Jesús. Es por eso que la esencia del milagro del nuevo nacimiento es un individuo que es bautizado en Jesús:

> Sí, Jesús era el plan de Dios desde el principio. Como deja claro el libro de Hebreos, Jesús fue el mediador del nuevo y mejor pacto.

Porque todos los que habéis sido bautizados en Cristo, de Cristo estáis revestidos. (Gálatas 3:27 RVR1960).

¿O acaso olvidaron que, cuando fuimos unidos a Cristo Jesús en el bautismo, nos unimos a él en su muerte? (Romanos 6:3).

Entre nosotros hay algunos que son judíos y otros que son gentiles; algunos son esclavos, y otros son libres. Pero todos fuimos bautizados en un solo cuerpo por un mismo Espíritu, y todos compartimos el mismo Espíritu (1 Corintios 12:13).

Sí, el pacto "nuevo y mejor" —que restauraría a todos los judíos dispuestos *y a* todos los gentiles dispuestos a una relación íntima con Dios— fue el plan del Padre desde el principio. Pero la antigua alianza fue un puente necesario hacia esa última. Sin esa alianza no podría haber ningún "par" humano con el que Dios pudiera establecer un pacto de paridad.

A través de Moisés, Dios estableció un pueblo, para que ese pueblo pudiera generar a un Hombre.

Ahora bien, el propósito de la antigua alianza y el pueblo que creó (los israelitas) se nos presenta con nitidez. Es probable que haya oído describir a las tribus de Israel como el pueblo elegido de Dios. Esa es una designación bíblica acertada. Pero suscita una pregunta: ¿Elegido para qué? Ahora lo sabemos. Dios necesitaba un pueblo que pudiera servir como portador de esa semilla o descendencia prometida a Eva allá en el jardín. Por eso Dios habló a Abraham de semillas (plural) y de una Simiente (singular) que un día bendeciría a todos los pueblos de la tierra (ver Génesis 22:18). Por eso todos los aspectos

> A través de Moisés, Dios estableció un pueblo, para que ese pueblo pudiera generar a un Hombre.

meticulosamente prescritos del tabernáculo y sus ceremonias apuntaban a Jesús.

Reflexione en ello. ¿Por qué Dios le habría pedido a Abraham que sacrificara a su único hijo concebido milagrosamente? Sí, puso a prueba y demostró la fe del hombre en Dios. Pero eso podría haberse probado de mil otras maneras. ¿Por qué de *esa* específicamente? Porque —en apariencia— era necesario, dado el orden jurídico-legal sobre el que Dios ha construido este universo, que todo en la antigua alianza no solo prefigurara sino que también *anticipara* el remedio completo y definitivo de Dios para la Caída de la humanidad. Ese remedio era Jesús con el nuevo y mejor pacto que su muerte sacrificial haría posible. Y parece ser que, si Dios iba a crear un pueblo que un día daría a luz a su Hijo unigénito, para poder ofrecerlo como sacrificio por los pecados por todo el mundo, tenía que tener como padre de ese pueblo a un hombre dispuesto a hacer lo mismo con su propio y precioso hijo.

Comenzamos este capítulo con una pregunta en el título: "¿Por qué un nuevo pacto?". Ahora lo sabemos. *El pacto paritario de gracia que Jesús medió era el plan definitivo de Dios desde el principio.* Ese pacto suzerainvasal, mediado por Moisés, fue un puente bueno y muy necesario hacia el plan definitivo. Pero nunca pretendió, ni pudo jamás, lograr el objetivo de restaurar la humanidad perdida a un Dios que "tanto amó al mundo".

Ahora, con este capítulo y los dos anteriores como base, estamos listos para embarcarnos en una emocionante aventura hacia la gracia. Una que hizo posible Jesús y el pacto que ratificó con su propia sangre inocente. Juan describió esta travesía hacia Jesús como recibir gracia sobre gracia (ver Juan 1:16). Y como está a punto de descubrir, todo en ese pacto es nuevo y mejor. O en otras palabras, un ajuste.

Es más, empieza por conseguir un "marido" preciso.

"¿Un marido, Robert?"

Sí, ¡siga leyendo y descubra a qué me refiero!

CAPÍTULO 10

POR GRACIA: UN MARIDO MEJOR

Es un truco argumental comprobado a lo largo del tiempo para los guionistas de ficción y comedias. De algún modo, dos personas se casan accidentalmente. A veces la boda, involuntariamente, implica un consumo excesivo de alcohol. Otras veces es solo el resultado de un gran malentendido. (¿Ha habido alguna vez el argumento de una película romántica que no se *haya* erigido en torno a un "gran malentendido"?) Por supuesto, las comedias de ficción no son la vida real, así que no es probable que la gente se despierte rutinariamente con resaca una mañana para descubrir que se ha casado por casualidad con alguien.

Sin embargo, en términos espirituales, toda persona nacida alguna vez, usted y yo incluidos, estuvo, o sigue estando, "casada" con alguien... o más exactamente con *algo*... y ni siquiera lo sabe. Ese es el testimonio de un pasaje bíblico que estamos a punto de explorar.

Ahora bien, si usted ha sido cristiano durante algún tiempo, sospecho que ya se ha topado con el concepto bíblico de que la Iglesia es la Esposa de Cristo. Por ejemplo, en Apocalipsis 21:9 el ángel le dice a Juan: "¡Ven conmigo! Te mostraré a la novia, la esposa del Cordero". Y en el capítulo 5 de Efesios, Pablo vincula sus consejos a maridos y esposas con la revelación de que el matrimonio terrenal representa el "misterio" de Cristo y la Iglesia (ver Efesios 5:32). Lo que significa que cada creyente que ayuda a formar la Iglesia está, en un sentido muy real, por gracia, casado con Cristo. Y vaya, qué clase de marido más maravilloso es él.

Insisto, eso es algo muy conocido. Lo que es menos conocido es que este matrimonio con Cristo es un *segundo matrimonio* para todos los creyentes. Es cierto, como descubrimos en este pasaje de Romanos:

> ¿Acaso ignoráis, hermanos (pues hablo con los que conocen la ley), que la ley se enseñorea del hombre entre tanto que este vive? Porque la mujer casada está sujeta por la ley al marido mientras este vive; pero si el marido muere, ella queda libre de la ley del marido. Así que, si en vida del marido se uniere a otro varón, será llamada adúltera; pero si su marido muriere, es libre de esa ley, de tal manera que si se uniere a otro marido, no será adúltera. *Así también vosotros, hermanos míos, habéis muerto a la ley mediante el cuerpo de Cristo, para que seáis de otro,* del que resucitó de los muertos, a fin de que llevemos fruto para Dios (Romanos 7:1-4, énfasis añadido).

Volveré a referirme a estos versículos sobre la muerte y el matrimonio en breve. Pero primero debe entender que estos cuatro versículos se encuentran en medio de una larga sección de Romanos en la que Pablo está explicando la relación de cada creyente con la ley bajo el nuevo pacto. Tenga en cuenta que, a diferencia del libro de Hebreos, la Carta a los Romanos *no* estaba dirigida principalmente al pueblo judío. Sí, había muchos creyentes judíos en Roma, pero también se habían salvado miles de gentiles convertidos al movimiento de Jesús. Y puesto que el cristianismo nació del judaísmo... porque Jesús era el Mesías judío profetizado... dado que toda la ley, los profetas y los salmos apuntaban a él... puesto que la nueva alianza surgió de la antigua... porque en sus primeras décadas el movimiento estaba formado casi exclusivamente por judíos creyentes (junto con algunos gentiles "temerosos de Dios", es decir, gentiles que se acercaban a las sinagogas porque tenían afinidad con el judaísmo)... por todas estas razones y más...

Los cristianos gentiles habían conocido muchas enseñanzas confusas, conflictivas y sencillamente erróneas sobre cómo debían relacionarse con la ley del Antiguo Testamento. Toda la Carta de Pablo a los Gálatas está dirigida a combatir ese tipo de confusiones y falsas enseñanzas.

Este es el contexto de los comentarios de Pablo en el pasaje que acabo de citar. En el capítulo anterior de Romanos, Pablo había declarado audaz y claramente: "Porque el pecado no se enseñoreará de vosotros, *pues no estáis bajo la ley, sino bajo la gracia*" (Romanos 6:14 RVR1960, énfasis añadido). Pablo había pasado gran parte de los cinco capítulos anteriores de Romanos ayudando a los creyentes a comprender que siempre había sido la fe, no las obras ni el cumplimiento de la ley, lo que los calificaba para estar conectados con Dios. Había señalado que fue la fe de Abraham, no su buen comportamiento, lo que había impulsado a Dios a declararlo justo:

> Porque, ¿qué dice la Escritura? "Creyó Abraham a Dios, y le fue contado por justicia". (Romanos 4:3 RVR1960)

Otra verdad sale a la luz en esos capítulos que conducen al comentario del capítulo 7 de Pablo sobre los "maridos" y estar "casados". Es la revelación de que no solo los israelitas estaban bajo la ley. En un sentido muy real, toda la humanidad era responsable ante las normas perfectas y eternas de santidad y pureza de Dios. En otras palabras, las divinas normas de bondad y rectitud no solo estaban codificadas en los Diez Mandamientos y el resto de los reglamentos y estipulaciones mosaicos. No, Pablo lo deja claro desde el principio en el capítulo 1 de Romanos, donde declara que todas las personas de todos los lugares podían discernir la bondad pura de Dios a través de la majestuosidad y el testimonio de la naturaleza:

> ... tal como está escrito: "El justo vivirá por la fe". En verdad, la ira de Dios viene revelándose desde el cielo contra toda impiedad e injusticia de los seres humanos, que con

su maldad obstruyen la verdad. Me explico: *lo que se puede conocer acerca de Dios es evidente para ellos, pues él mismo se lo ha revelado. Porque desde la creación del mundo, las cualidades invisibles de Dios, es decir, su eterno poder y su naturaleza divina, se perciben claramente a través de lo que él creó, de modo que nadie tiene excusa* (Romanos 1:17b-20, énfasis añadido).

Sí, mucho antes de que Dios tallara los mandamientos en tablas de piedra para Moisés, ya existía una forma de la ley. El pacto mosaico simplemente la codificó en forma escrita. Ese es el esposo con el que usted y yo nacimos casados. Todos hemos pecado y estamos muy lejos de la gloria de Dios (ver Romanos 3:23). Lo que significa que todos estamos en profunda deuda con la santidad y la justicia inmutables de Dios.

Ahora podemos entender por qué Pablo dedicó esos cuatro versículos de Romanos 7 a explicar cómo queda, un cónyuge, liberado de todas sus obligaciones matrimoniales si el otro muere. Utilizando un ejemplo natural que todo el mundo entendería, Pablo revela que nuestro matrimonio con la ley queda anulado por nuestra propia muerte. Esa "muerte" ocurre cuando nacemos de nuevo al ser bautizados en Cristo. El bautismo literal en agua por inmersión es una imagen exterior de una realidad interior, que implica un entierro simbólico. Pablo lo dice en forma explícita en el capítulo 6 de Romanos:

> Sí, mucho antes de que Dios tallara los mandamientos en tablas de piedra para Moisés, ya existía una forma de la ley.

¿Acaso no saben ustedes que todos los que fuimos bautizados para unirnos con Cristo Jesús en realidad fuimos bautizados para participar en su muerte? *Por tanto, mediante el bautismo fuimos sepultados con él en su muerte.* De modo que, así como Cristo resucitó por el glorioso poder del Padre, también nosotros andemos en una vida nueva (vv. 3-4, énfasis añadido).

Sin embargo, como señala Pablo en ese pasaje, no se trata solo de que nos liberemos de nuestro marido original (el antiguo pacto de la ley). Mediante el nuevo nacimiento, estamos unidos a un nuevo esposo. Observe de nuevo: "Así también vosotros, hermanos míos, habéis muerto a la ley mediante el cuerpo de Cristo, para que seáis de otro... (Romanos 7:4a RVR1960)".

¿Quién es ese "otro" del que ahora somos? La última mitad de ese versículo nos da la respuesta: "... del que resucitó de los muertos, a fin de que llevemos fruto para Dios" (Romanos 7:4b).

Por favor, compréndalo. Nuestro exmarido, la "ley", no era malo. Al contrario, la ley —como expresión de la bondad, la justicia y la santidad de Dios— era perfecta. No era mala, solo era inadecuada. No podía devolvernos la conexión íntima con el Padre. Tampoco fue esa la tarea de la ley. Entonces, ¿cuál *era* y *es el trabajo* de la ley? Hacernos conscientes de que somos pecadores, totalmente impotentes para ayudarnos a nosotros mismos y que necesitamos desesperadamente un Salvador (ver Romanos 3:20). Para hacernos conscientes de que habíamos caído de la posición en la que originalmente debíamos vivir: una posición de íntima comunión y compañerismo con nuestro Creador. Como les dijo Pablo a los creyentes de Corinto, la ley tenía un ministerio ... un ministerio de muerte y condenación:

> Por favor, compréndalo. Nuestro ex marido, la "ley", no era malo ... solo era inadecuada.

Pero si el ministerio *de la muerte*, escrito y grabado en piedras, era glorioso, tanto que los hijos de Israel no podían mirar fijamente el rostro de Moisés a causa de la gloria de su semblante, gloria que estaba pasando, ¿cuánto más glorioso será el ministerio del Espíritu? Porque si el ministerio *de la condenación* tuvo gloria, el de la justicia lo excede mucho más en gloria (2 Corintios 3:7-9, énfasis añadido).

¿Qué le parece esa descripción de trabajo? "¿Así que quiere dedicarse al ministerio, señor Ley? Bien, su ministerio será llevar la muerte y la condenación a todo el mundo, en todas partes. Disfrútelo".

Como vemos en ese pasaje, nuestro antiguo esposo tenía gloria celestial. Eso se evidenció por el hecho de que había una gran gloria en exhibición cuando Dios se reunió con Moisés en el monte Sinaí, tanto que el rostro de Moisés resplandecía con ella cuando bajó de ahí.

Sí, la ley era buena y tenía un ministerio, o trabajo, que hacer. ¡Y lo hacía a la perfección! Pero su trabajo la convirtió en un esposo difícil con el cual tener que vivir. Piense en ello. ¿Qué clase de marido cree que es la ley? ¿Cree que es un marido que perdona? ¿Cree que es un marido cariñoso, atento, amable, compasivo y comprensivo? Por supuesto que no. La ley es un marido autoritario, puntilloso, que busca fallos, crítico y que juzga. Un marido al que nunca podría complacer por mucho que lo intente. Un marido cuyo ministerio real hacia usted era de muerte y condenación.

> Como les dijo Pablo a los creyentes de Corinto, la ley tenía un ministerio ... un ministerio de muerte y condenación.

Ah, ¡cuán mejor vivimos con nuestro nuevo marido, en comparación con el anterior! Y, sin embargo, muchos cristianos parecen querer volver a vivir con el primero. O intentan encontrar alguna manera de vivir con un pie en el antiguo matrimonio y otro en el nuevo. En realidad, ¡son innumerables los creyentes que viven como polígamos! Es decir, parecen tener dos maridos espirituales.

He aquí algunas cosas que usted, como creyente renacido, necesita entender sobre su "ex".

Número uno: La ley no puede justificar. Desde la Caída de la humanidad en adelante, ningún ser humano fue capaz de presentarse ante Dios debido a su propia culpa ante la ley. Necesitábamos alguna forma de ser justificados. La doctrina cristiana de la justificación en Jesucristo es vital. Sin embargo, la Biblia deja claro que guardar la ley no nos capacita para justificarnos ante Dios. Ese es el mensaje tan claro como el agua de estos dos versículos del capítulo 3 de Romanos (RVR1960):

> Por las obras de la ley ningún ser humano será justificado delante de él... (v. 20a).

> Concluimos, pues, que el hombre es justificado por fe sin las obras de la ley (v. 28).

Y este también:

> Porque todos los que dependen de las obras de la ley están bajo maldición, pues escrito está: Maldito todo aquel que no permaneciere en todas las cosas escritas en el libro de la ley, para hacerlas. Y que por la ley ninguno *se justifica para con Dios*, es evidente, porque: El justo por la fe vivirá" (Gálatas 3:10-11, énfasis añadido).

La justificación, que tan desesperadamente necesitamos, solo llega por gracia mediante la fe en el Señor Jesucristo. Sin embargo, como ya hemos visto, Pablo tuvo que escribir todo el libro de

Gálatas a personas que estaban siendo seducidas para que volvieran a ese primer marido. Precisamente por eso el apóstol les escribió estas palabras:

> ¡Oh gálatas insensatos! ¿quién os fascinó para no obedecer a la verdad, a vosotros ante cuyos ojos Jesucristo fue ya presentado claramente entre vosotros como crucificado? Esto solo quiero saber de vosotros: *¿Recibisteis el Espíritu por las obras de la ley, o por el oír con fe?* ¿Tan necios sois? ¿Habiendo comenzado por el Espíritu, ahora vais a acabar por la carne? (Gálatas 3:1-3, énfasis añadido)

Me encanta la forma en que la paráfrasis de *El Mensaje* interpreta ese pasaje:

> ¡Gálatas locos! ¿Acaso alguien los hechizó? ¿Perdieron la razón? Algo insensato ha sucedido, porque es evidente que ya no tienen a Jesús crucificado en el centro de sus vidas. Su sacrificio en la cruz se presentó ante ustedes con bastante claridad.

> Permítanme plantearles esta pregunta: ¿cómo empezó su nueva vida? ¿Fue esforzándose para agradar a Dios? ¿O respondiendo al mensaje de Dios para ustedes? ¿Van a continuar con esta locura? Porque solo los locos pensarían que pueden completar con sus propias fuerzas lo que Dios comenzó.

No, la ley no le justifica. Nunca pudo hacerlo y nunca lo hará. Pero este no es el único problema con nuestro mutuo exmarido.

Número dos: La ley no puede darle poder. La ley no puede otorgarle la capacidad para realizar lo que constantemente le indica que *debe* hacer. Solo puede decirle lo que hizo mal. Insisto. Solo puede mostrarle lo mucho que ha fallado. Solo puede llevarle de regreso a ese mismo lugar de vergüenza y miedo que hizo que Adán y Eva se ocultaran de Dios y cosieran hojas de higuera frenéticamente. Solo puede convencerle de que necesita, urgentemente, un Campeón sin pecado, un Justo Par de Dios que pueda representarle en un pacto de paridad con el tres veces santo Dios.

Sí, nuestro exmarido —la ley— tenía un papel vital que desempeñar en el plan de Dios para restaurarnos a la comunión con él, y lo hizo a la perfección. Aún lo hace. Pero esa función no incluye darle el poder para que usted cambie y sea fructífero.

> La ley no puede otorgarle la capacidad para realizar lo que constantemente le indica que *debe* hacer.

Volvamos a Romanos 7:4 (RVR1960) y verá lo que quiero decir.

> Así también vosotros, hermanos míos, *habéis muerto a la ley* mediante el cuerpo de Cristo, para que seáis de otro, del que resucitó de los muertos, a fin de que *llevemos fruto para Dios* (énfasis añadido).

Fíjese en la frase final. ¿Quiere ser un cristiano fructífero? Entonces asegúrese de estar conectado con el esposo adecuado. En Juan 15:5, Jesús dijo a sus discípulos:

> Yo soy la vid y ustedes son las ramas. El que permanece en mí, como yo en él, dará mucho fruto; separados de mí no pueden ustedes hacer nada.

La única manera de que usted dé fruto es estar conectado (casado) con Jesús. Él es un esposo que puede hacer que usted sea fructífero. No es impotente. Por el contrario, la ley es un marido estéril y sin amor que no puede hacerte fructificar. Y aún hay una tercera limitación a su antiguo marido.

Número tres: La ley no puede hacerle justo. Ese es el mensaje de Gálatas 2:21: "No desecho la gracia de Dios. Si la justicia se obtuviera mediante la Ley, Cristo habría muerto en vano". Por eso Pablo dedica tanto tiempo en Romanos a explicar que la justicia de Abraham le fue "imputada" por Dios debido a su fe, no a su buen comportamiento.

Recuerde que el objetivo del Padre desde el principio era restaurarnos a él. La injusticia que se adhirió a la humanidad en la Caída abrió un enorme abismo entre nosotros y él. El problema de nuestra separación era en realidad un asunto de justicia. Y como Pablo señala a los gálatas en el versículo anterior, no había razón para que Jesús viniera y muriera si la ley tenía el poder de producir justicia en nosotros. Pablo también declara que esperar erróneamente que el cumplimiento de la ley produzca justicia es, en efecto, dejar de lado la gracia de Dios.

Insisto, si la justicia pudiera venir a través de la ley, ¿por qué moriría Jesús en la cruz? Solo puede llegarnos como un don de la gracia puesto a nuestra disposición en Jesús (ver Romanos 5:17). De hecho, en el nuevo nacimiento, somos dotados con la propia justicia de Jesús. Y la justicia de Jesús es el estándar más valioso de la rectitud. (¡Más sobre esto en el próximo capítulo!)

Sospecho que está empezando a ver el terrible marido que fue la ley. Y qué mejora recibimos usted y yo cuando fuimos liberados de ese primer matrimonio al "morir" con Cristo y renacer en su lugar al matrimonio con él.

Es mucho mejor estar casado con una *persona* maravillosa que intentar cumplir con una lista de expectativas imposibles. ¡Infinitamente mejor! Y sin embargo...

Muchas veces nos encontramos comportándonos como si aún estuviéramos casados con la ley. A menudo pensamos, creemos y nos portamos como si todavía estuviéramos obligados a amar, honrar y obedecer esa lista de normas y reglamentos. Pero como señalaba el pasaje con el que comenzamos este estudio, los votos matrimoniales son solo "hasta que la muerte nos separe", y usted y yo hemos muerto en Cristo.

Conozco a varias personas que tienen un matrimonio anterior en su historial. He aquí un esclarecedor experimento mental.

¿Qué pensaría usted de una mujer que estuvo casada con un perfeccionista duro, severo, implacablemente crítico, pero que ahora se casó con el hombre más amable, gentil y comprensivo que pueda imaginar? Ahora imagine que intenta constantemente impresionar al marido número dos haciendo todas las cosas que el marido número uno le exigía. Imagínese que se desvive por evitar hacer las cosas que molestaban al marido número uno, que se viste como él prefería que se vistiera y, en general, que se somete a un montón de penas y fatigas haciendo las cosas que agradaban a su ex. Peor aún, imagine que le dice a su actual marido: "Cariño, tengo una noticia que sé que te va a bendecir. He estado yendo a casa de mi primer marido para servirle y hacer cosas por él porque creo que eso mejorará nuestro matrimonio".

Pensaría que está loca. Creería que es tonta.

Sin embargo, innumerables cristianos hacen esencialmente lo mismo. Multitudes intentan impresionar a su nuevo y mejor marido, Jesús, manteniendo una buena relación con su primer marido, la ley. Pruebe eso literalmente y vea cómo le resulta. No es de extrañar que Pablo prácticamente gritara sobre el papel: "¡Gálatas locos! ¿Acaso alguien los hechizó? ¿Perdieron la razón?".

> Multitudes tratan de impresionar a su nuevo y mejor marido, Jesús, manteniendo una buena relación con su primer marido, la ley.

El evangelio es, literalmente, una buena noticia. Son buenas noticias para usted y para mí. No servimos a una lista de preceptos; amamos a una Persona.

Ahora, al asimilar las implicaciones de este capítulo, sospecho que han surgido algunas preguntas en su mente. Preguntas como: "La ley decía: 'No asesines'. ¿Está bien asesinar ahora que sé que ya no estoy casado con la ley?". Esa, y muchas otras preguntas razonables que probablemente tenga, encontrarán respuesta en los próximos capítulos. Así que ¡continuemos!

CAPÍTULO 11

POR GRACIA: MEJOR JUSTICIA

Estamos en la ladera de una colina de Galilea hace aproximadamente dos mil años y las mentes están alucinando. Una multitud de seguidores de Jesús se ha reunido para escuchar al Rabino hacedor de maravillas, que tiene a todo Israel entusiasmado con sus prodigios, explicar ese reino venidero que ha sido el tema de su predicación por toda Judea y Galilea.

Jesús y sus principales seguidores han estado yendo y viniendo de norte a sur y viceversa visitando todas las aldeas y sinagogas del país. ¿Cómo sabemos eso? Mateo 9:35 (RVR1960) lo dice: "Recorría Jesús *todas las ciudades y aldeas, enseñando en las sinagogas de ellos*, y predicando el evangelio del reino y sanando toda enfermedad y toda dolencia en el pueblo".

Y en cada lugar, aparentemente, se ha hecho eco de los puntos de conversación de su primo, Juan el Bautista. Esos puntos se referían a dos cosas. Un juicio venidero sobre Israel que llamaba al arrepentimiento. Y la llegada inminente del "reino de Dios" o el "reino de los cielos". (Tenga en cuenta que el Evangelio de Mateo sustituye sistemáticamente la frase reino de los *cielos* por *reino de Dios* para no ofender a los lectores judíos que son su principal público. El Evangelio de Mateo parece especialmente centrado en persuadir a los judíos de que Jesús es el Mesías prometido de Israel).

La predicación de Juan podría resumirse con una sola línea: "¡Arrepentíos, porque el reino de los cielos se ha acercado!" (Mateo 3:2 RVR1960). Pero sus pronunciamientos también incluían:

- Advertencias sobre la "ira" venidera (Mateo 3:7).
- Imaginación de un hacha que ya estaba preparada en la raíz de muchos de los árboles de Israel, que pronto serían cortados y arrojados al fuego (ver Mateo 3:10).
- E imágenes de Uno que vendría tras él portando una horquilla de aventar, para separar la paja de Israel de su trigo. El trigo sería recogido en un granero, mientras que la paja experimentaría el "fuego que nunca se apagará" (Mateo 3:12).

En un capítulo anterior vimos que en el año 70 D. C., cuarenta después de la muerte y resurrección de Jesús, los ejércitos romanos destruyeron Jerusalén. En su marcha a través de Israel, cientos de miles fueron asesinados, y muchos de los restantes vendidos en los mercados de esclavos romanos. La predicación profética de Juan advertía de ese mismo acontecimiento. Pero si ha leído los evangelios, sabrá que aquel de quien Juan dijo que seguiría su propio ministerio de "precursor" era Jesús. Y así, encontramos esto:

Después que Juan fue encarcelado, Jesús vino a Galilea predicando el evangelio del reino de Dios, diciendo: "El tiempo se ha cumplido y el reino de Dios se ha acercado; arrepentíos y creed en el evangelio" (Marcos 1:14-15, énfasis añadido).

¿Lo ve? Tan pronto como el profeta Juan fue encarcelado, Jesús retomó el manto profético y el mensaje de su primo, con dos añadidos significativos al mensaje de Juan: "Arrepentíos, porque el reino de Dios está cerca". Primero, Jesús declaró que —ahora que su ministerio público había comenzado— "el tiempo se ha cumplido". En segundo lugar, situó la advertencia sobre la necesidad de arrepentimiento como "el evangelio", es decir, las *buenas noticias*. La advertencia profética sobre la destrucción inminente no suele considerarse buena noticia, pero como demostrarán los acontecimientos, esta lo era. Sería una buena noticia para aquellos en Israel que creyeran y recibieran su mensaje. De hecho, serían buenas noticias para todo el mundo. Buenas noticias porque lo nuevo era mucho mejor que lo viejo en todos los aspectos imaginables.

A lo largo del ministerio de predicación profética de Jesús, él —al igual que Juan— advertiría de un proceso de aventado venidero en el que se separaría el trigo de la paja en Israel. De hecho, muchas de las parábolas de Jesús sobre el reino venidero eran metáforas acerca de la clasificación y la separación como esa. Hablaba del trigo separado de la cizaña. (La cizaña, o mala hierba, se quemaba). Las ovejas siendo separadas de las cabras.

> La advertencia profética sobre una destrucción inminente no suele considerarse buena noticia, pero como demostrarán los acontecimientos, esta lo fue.

Y redes llenas de peces siendo clasificados, algunos guardados y otros siendo tirados. Dos clases de damas de honor: un grupo que llegaría a la boda y otro que no. Dos clases de invitados a la boda real: los amigos del rey que rechazaron la invitación y los forasteros recogidos de los caminos y carreteras.

Sí, en la predicación de Jesús sobre el reino en todas las sinagogas y pueblos está incrustado simbólicamente el mensaje de que algunos oyentes serían como paja, cizaña, cabras, peces malos y damas de honor insensatas. Otros serían trigo, ovejas, peces buenos y damas de honor prudentes que llegaron a la fiesta.

Otro grupo de parábolas llevaba otro mensaje sorprendente sobre ese reino que Jesús dijo que estaba "cerca", "próximo" y "sobre vosotros". En aquella época, la suposición judía universal sobre el reino era que implicaba una restauración física, repentina y completa del glorioso trono de David en Jerusalén, con el descendiente de David, el Mesías, sentado sobre él. Pero muchas de las parábolas de Jesús sobre el reino sugieren algo muy diferente.

En repetidas ocasiones, cuando se le preguntaba al respecto, Jesús comenzaba una parábola con las palabras: "El reino de Dios es como..." Entre las cosas a las que se parecía estaban:

- Una diminuta semilla de mostaza que, con el tiempo, crece hasta convertirse en un enorme árbol (ver Mateo 13:31-32).
- Una pequeña pizca de levadura que leuda lenta y progresivamente toda la masa (ver Mateo 13:33).

Estos símiles indican lo opuesto a algo repentino e instantáneamente maduro. Por el contrario, sugieren que el reino sería algo que empezaría siendo pequeño y crecería progresivamente durante un largo periodo de tiempo. Todo eso es el preludio y el contexto de esa reunión en la colina de Galilea a la que acabamos de unirnos.

Dondequiera que Jesús iba, predicaba el evangelio del reino, pero lo hacía de un modo que desconcertaba y confundía por completo todas las suposiciones imperantes. El sermón de hoy no será diferente. Nosotros y los demás oyentes estamos a punto de escuchar lo que un día se llamará el Sermón de la Montaña. Entre los oyentes hay fariseos, escribas y otros judíos devotos que, en realidad, piensan que están cumpliendo con éxito la ley en todos sus aspectos. Más tarde, Jesús tendrá un encuentro con otra persona de este tipo, un "joven rico", que le preguntará qué debe hacer para obtener la vida eterna (Mateo 19:16). Jesús, sabiendo que la justicia perfecta era necesaria para salvar la brecha del pecado y presentarse ante Dios, le dijo: "Si quieres entrar en la vida, obedece los mandamientos [perfecta y plenamente]" (v. 17). ¿Recuerda cuál fue la sorprendente respuesta de ese joven?

> Dondequiera que Jesús iba, predicaba el evangelio del reino, pero lo hacía de un modo que desconcertaba y confundía por completo todas las suposiciones imperantes.

Todos esos los he cumplido —dijo el joven—. ¿Qué más me falta? (v. 20)

Reflexione en esto. Los judíos devotos de aquella época habían analizado y organizado cuidadosamente la Torá y habían encontrado 613 mandamientos a seguir. En el centro de estos estaban los Diez Mandamientos que Dios le dio a Moisés. Y este joven estaba seguro de haberlos obedecido *todos* en el transcurso de su vida. Si tuviéramos una lista de verificación de tareas, podríamos marcar todos esos renglones y decir: *Listo, ¡comprobado! ¿Qué más tienes?*

Ahora bien, Jesús dijo una vez que el mayor de esos 613 mandamientos era amar a Dios con todo el corazón, el alma, la mente y las fuerzas (ver Marcos 12:30). Así que le dio al joven —seguro de sí mismo— una instrucción que pondría a prueba su afirmación. Jesús le dijo: "Si quieres ser perfecto, anda, vende lo que tienes y dáselo a los pobres, y tendrás tesoro en el cielo. Luego ven y sígueme" (Mateo 19:21). ¿Era realmente el amor a Dios lo más elevado en la vida de ese hombre? ¿Obedecía verdaderamente este, el mayor de todos los mandamientos? ¿O había algo que amaba más que a Dios? Usted conoce la respuesta a esa pregunta. Con una sola instrucción, Jesús expuso la pretensión del hombre en cuanto a la justicia perfecta como una mentira. (Lo cual, por cierto, es una violación de otro mandamiento, el que prohíbe dar falso testimonio).

Aquí, en la multitud del Sermón de la Montaña, Jesús tiene a mucha gente, jovencitos y viejos, igual que aquel joven rico. Ellos también creen que cumplen todos los mandamientos. Creen que tienen una forma de justicia. De hecho, la tienen. Solo que no es la adecuada. No es la verdadera justicia, la que permite a un ser humano tener una amistad personal con el santo Dios del universo. Señalar eso es, en el presente, un gran enfoque del sermón de Jesús.

Por ejemplo, a aquellos de la multitud que piensan que han obedecido el sexto mandamiento —"No matarás"—, Jesús les dirá que enfadarse con su hermano, o incluso simplemente llamarlo idiota, es un crimen (ver Mateo 5:22). Para aquellos satisfechos y orgullosos de no haber cometido nunca adulterio, prohibido en el séptimo mandamiento, Jesús también tiene malas noticias. Hasta mirar a una mujer con pensamientos lujuriosos es pecado (v. 28). Jesús les dirá a los que han justificado un divorcio por cualquier motivo que ellos también están en la categoría de los pecadores (v. 32). También les dirá que el tipo de rectitud que lo hace a uno apto para el reino de Dios tiene que ver con amar a los enemigos; poner la otra mejilla cuando le abofetean; ir alegremente una milla extra con el que lo requiera; y, cuando le pidan su abrigo, dárselo con gusto y hasta la camisa. Todo lo cual, en el presente, sonará totalmente imposible a sus oyentes (porque lo es). Esa era la cuestión.

Pieza por pieza, Jesús desmantelará la creencia presuntuosa y autocomplaciente de su justicia —según el antiguo pacto— hasta que no quede más que un montón de escombros. ¿Por qué? Porque necesitaban desesperadamente un Salvador, pero no lo creían. No sabían que carecían por completo del tipo de justicia que podría reconectarlos a una relación íntima con Dios.

Jesús vino a regalar ese tipo de justicia, pero los que piensan que ya son justos nunca recibirán su don.

Por eso Jesús empieza el Sermón de la Montaña con una serie de afirmaciones del tipo "Bienaventurados los…" o "Felices los…". A esta serie de afirmaciones las llamamos "Bienaventuranzas". Esta lista describe el tipo de personas, entre sus oyentes judíos, que tendrán un corazón lo suficientemente blando como para recibir y entrar en este nuevo reino venidero sobre el que él ha estado predicando por todo el país. Todas sus parábolas clasificatorias y separadoras dejan claro que

> Pieza por pieza, Jesús desmantelará la creencia presuntuosa y autocomplaciente de su justicia —según el antiguo pacto— hasta que no quede más que un montón de escombros.

algunos tendrán un corazón para recibir esta buena nueva, pero muchos no. ¿Qué tipo de personas la recibirán? Según su lista:

los pobres de espíritu (v. 3)
los que lloran (v. 4)
los mansos (v. 5)
los misericordiosos (v. 7)
los puros de corazón (v. 8)
los pacificadores (v. 9)
los perseguidos por causa de la justicia (v. 10)

Todos ellos deberían alegrarse porque tienen el tipo de corazón receptivo a la proclamación del reino de la nueva alianza cuando llegue, y en él experimentarán la satisfacción de sus necesidades más profundas. Pero en medio de esa lista, Jesús dirá lo siguiente:

Bienaventurados los que tienen hambre y sed de *justicia*, porque ellos serán saciados (Mateo 5:6, énfasis añadido).

Por supuesto, la gente que ya se cree justa no tiene hambre ni sed de ella. Gente como el joven rico. Gente como los escribas y los fariseos. Así que unas pocas frases después Jesús suelta esta bomba.

Porque os digo que si vuestra justicia no fuere *mayor que la de los escribas y fariseos,* no entraréis en el reino de los cielos (Mateo 5:20 RVR1960, énfasis añadido).

Qué sorprendente es esto para los oyentes de Jesús. En esta cultura, los fariseos y los escribas son considerados el parámetro máximo de la rectitud. Sin embargo, aquí Jesús declara que solo aquellos que tienen una forma aún *mejor* de justicia —la verdadera justicia, que significa estar perfectamente bien con Dios— pueden entrar en el reino venidero. Es posible que esto no sonara como una buena noticia para ninguna persona de la multitud. Al contrario, habría sido motivo de desesperación para sus oyentes. Pero ese era precisamente el punto. Como declara Isaías 64:6: "Todas nuestras justicias son como trapos de inmundicia". Lo mismo es cierto para usted y para mí.

En el día más impresionante de buena conducta y buenas obras que haya tenido en su vida, esa justicia hecha a su medida solo habría sido trapos de inmundicia en comparación con la justicia necesaria para asociarse con Dios como amigo en esta vida y en la eternidad.

Imagínese que está de pie en la acera del Empire State Building, uno de los edificios más altos de Nueva York. El nivel de rectitud necesario para ser restaurado a lo que Adán y Eva perdieron está en lo más alto de esa torre, en la cima del edificio, a cuatrocientos metros sobre el nivel de la calle. Ahora imagine el día más feo, más lleno de pecado, más egoísta, más carnal que haya tenido. Ese día pone una marca en el edificio a seis centímetros por encima de la acera. Ahora calcule el mejor día de su vida, en el que vivió de la manera más santa. Un día en el que hizo muchas de las "cosas que se deben hacer" y evitó casi todas las "cosas que no se deben hacer". Un día en el que consiguió levantarse temprano y marcar —en su lista de verificación de tareas— la casilla de "su devocional". Un día en que no les gritó a los miembros de su familia. Sonrió a los extraños. Dio algunas monedas a algunos mendigos. Acarició a los perros con los que se cruzó en el camino. No fulminó con la mirada al tipo que le cortó el paso en el tráfico. No mintió (mucho). No codició (tanto) las cosas de los demás. Y, desde luego, no engañó, robó ni mucho menos asesinó. ¿A qué altura del rascacielos llegaría la marca de ese día? Es probable que marque unos tres centímetros de altura. O aproximadamente un centímetro más alto que la marca de su peor día.

Ese es el punto del sermón de Jesús. Por eso le dice a su audiencia (y a nosotros) que necesita un tipo de justicia que supere la de los escribas y los fariseos.

Lo que el público de Jesús no puede posiblemente saber o comprender en ese momento es que su vida perfecta y su muerte sacrificial van a hacer posible recibir, por la fe, *su* justicia como un don de la gracia.

Recuerde lo que aprendimos en los capítulos anteriores. El propósito fundamental de la ley era hacernos conscientes de nuestra pecaminosidad y de nuestra necesidad de un Salvador. El Sermón de la Montaña tenía ese mismo fin. La sangre de los sacrificios de animales

> El propósito fundamental de la ley era hacernos conscientes de nuestra pecaminosidad y de nuestra necesidad de un Salvador. El Sermón de la Montaña tenía ese mismo fin.

en el sistema de la antigua alianza podía "cubrir" el pecado durante un año. Pero ...

> ... esos sacrificios son un recordatorio anual de los pecados, ya que es imposible que la sangre de los toros y de los machos cabríos quite los pecados (Hebreos 10:3-4).

Sin embargo, el derramamiento de la sangre inmaculada de Jesús tenía el poder de lavar completamente el pecado y su culpa.

Insisto, *rectitud* significa "en posición correcta con Dios". Sin embargo, esto es lo que tenemos que entender. En el reino, es decir, en este nuevo y mejor pacto, no estoy en posición correcta con Dios porque haga cosas correctas. Nunca podré hacer suficientes cosas correctas para estar bien con Dios. Esforzarme por hacer esas cosas correctas solo me va a dar una sensación igual a la orgullosa y falsa rectitud de los escribas y fariseos. Es una rectitud basada en la comparación con otras personas, no comparada con la santidad de Dios. Es una justicia que Jesús declaró inadecuada. Además, como revela Santiago 2:10, "Porque el que cumple con toda la Ley, pero falla en un solo *punto*, ya es culpable de haberla quebrantado toda".

No, estoy en posición correcta con Dios exclusivamente porque Jesús lo hizo todo bien y, por fe, estoy en él. He recibido, como don de gracia, *su* justicia. De hecho, el milagro del nuevo nacimiento le envuelve, o le viste, con la justicia perfecta de Jesús. El profeta Isaías lo previó:

> En gran manera me gozaré en JEHOVÁ, mi alma se alegrará en mi Dios; porque me vistió con vestiduras de salvación, me rodeó de manto de justicia... (Isaías 61:10a)

Pablo describe aquí este milagro:

> Porque todos los que han sido bautizados en *Cristo* se han revestido de *Cristo* (Gálatas 3:27, énfasis añadido).

Y aquí:

> Al que no cometió pecado alguno, por nosotros Dios lo trató como pecador, para que en él recibiéramos la justicia de Dios (2 Corintios 5:21).

¡Qué clase de mejora es esta! Recibimos como un regalo —inmerecido, arbitrario, inapropiado—, la justicia impecable de Jesús. No es de extrañar que esto cree una posición correcta con Dios. ¿Es Jesús bienvenido en la presencia de Dios? Claro que sí. ¿Está el Padre encantado de ver a su Hijo unigénito? ¡Por supuesto! Y la salvación nos sumerge... nos viste... nos envuelve... en Jesús. Lea el primer capítulo de Efesios y observe todas las apariciones de las frases "en él", "en Cristo", "en el Amado". Esto significa que los creyentes bañados en sangre son tan bienvenidos en la presencia de Dios como lo es Jesús. Significa que al Padre también le encanta verlos. Significa que es tan apropiado para nosotros estar con Dios —conocerlo, asociarnos con él— para llevar a cabo sus planes y propósitos en la tierra, como lo hizo Jesús. ¿Por qué? Porque estamos *en él* y hemos recibido su justicia.

Insisto, esta rectitud es un regalo. Pero se pone aún mejor. Debido a la posición correcta que asumo ante Dios, mis deseos comienzan a cambiar cuando estoy cerca de él. Contemplar la presencia de Dios comienza a transformarme de adentro hacia afuera. Cada vez tengo más deseos de hacer lo correcto. Mi crecimiento en Dios se convierte en un proceso en el que mi comportamiento se alinea progresivamente con lo que ya soy a los ojos de Dios. Él nos imparte primero la justicia de Jesús y luego se dispone al proceso de transformarnos a su imagen (ver Romanos 8:29).

> Recibimos como un regalo —inmerecido, arbitrario, inapropiado—, la justicia impecable de Jesús.

Mi comportamiento y mis acciones no son irrelevantes. Pero no soy justo porque haga cosas buenas. No obstante, cada vez más hago cosas buenas porque he sido declarado justo. Sin embargo, muchos creyentes tienen la carreta delante del caballo. No somos salvados *por las buenas obras*. Somos salvos *para buenas obras*. Ese es el claro mensaje de Efesios 2:8-10. Recordará que comenzamos todo este estudio con los dos primeros de estos tres versículos. Ahora fíjese en el versículo que sigue inmediatamente:

Porque por gracia sois salvos por medio de la fe; y esto no de vosotros, pues es don de Dios; no por obras, para que nadie se gloríe. *Porque somos hechura suya, creados en Cristo Jesús para buenas obras, las cuales Dios preparó de antemano para que anduviésemos en ellas* (énfasis añadido).

Sin duda, Dios quiere que vivamos con rectitud, que mostremos un comportamiento recto. No obstante, esto es imposible sin una conexión viva y dinámica con el hálito de Dios a través de su Espíritu. No nos comportamos bien para ganarnos nuestra conexión con Dios. Nuestra conexión con Dios transforma nuestros deseos y, en última instancia, nuestra conducta. Por lo que disfrutamos la oportunidad de tener esa conexión con Dios dado que él nos ha imputado e impartido la justicia de Jesús.

Demasiados creyentes dejan que la vergüenza y la culpa los mantengan alejados de la presencia de Dios. Esto se debe a que han olvidado, o no les enseñaron, que no se pueden acercar a Dios amparados por su propia y defectuosa justicia. No pueden hacerlo. La única forma de estar en la presencia de Dios en mediante la justicia de Jesús. Lo importante es que solo en la presencia de Dios —en íntima comunión, conversación y relación con él— pueden experimentar la transformación de esos mismos comportamientos que causan su vergüenza y su culpa. Cuando he actuado injustamente, cuando he pecado, cuando he hecho un desastre con las cosas, es entonces cuando debo correr en dirección a mi Padre. Allí la luz de su presencia ilumina los rincones oscuros —y sin renovar— de mi alma para que puedan ser hechos nuevos. Solo esa luz puede exponer las mentiras que he creído y que son la raíz de mis patrones de pecado y fracaso. Solo allí, en el trono de la gracia, encontraré misericordia y ayuda en mi momento de necesidad (ver Hebreos 4:16). Pero si no comprendo la realidad de que he recibido una justicia mejor porque estoy en Cristo, dejaré que mi vergüenza me aleje del único lugar que puede arreglar lo que está roto.

> No somos salvados *por las buenas obras*. Somos salvos *para buenas obras*.

Por eso no es extraño que se le dé el nombre de "buenas noticias" a la verdad en cuanto a quién es Jesús y lo que logró. Una faceta gloriosa de esas buenas noticias es que, por gracia, hemos recibido un don extraordinario: la justicia imputada de Jesús. Una justicia infinitamente mejor que cualquier cosa que pudiéramos producir por nosotros mismos.

No obstante, ese no es el único aspecto "mejor" de lo que Jesús hizo posible en su nuevo y mejor pacto. Tenemos más por explorar.

CAPÍTULO 12

POR GRACIA: MEJOR DESCANSO

Llamémosla Marta. Una mujer que ama a Jesús con todo su corazón. Desde que era niña. Pero está exhausta. Agotada física, emocional y espiritualmente. Toda su vida, como cristiana, Marta ha sido algo así como un pato. Aparentemente tranquila y serena en la superficie pero invisible, por debajo, agitando sus patas. Ahora, tras décadas de esforzarse y luchar, está contemplando la posibilidad de darse por vencida.

Siempre ha deseado, con todas sus fuerzas, complacer a su Padre celestial. Aún lo anhela, pero recientemente ha empezado a desesperar por alcanzar alguna vez ese objetivo. Verá, cuando era niña en la escuela dominical, Marta asimiló profundamente varias lecciones. Aprendió que una persona que carga con un pecado no confesado no puede estar en presencia de un Dios infinitamente santo. Un individuo pecador que se acerque a Dios sería consumido instantáneamente por el fuego de su gloria pura. Aprendió que cuando se salvó, todos sus pecados pasados fueron lavados por la sangre de Jesús. También se le enseñó que esa misma sangre estaba disponible para lavar cualquier pecado que cometiera *después de* la salvación, siempre y cuando se arrepintiera y los confesara.

Siempre ha sabido que debe evitar todo lo que "no se debe hacer" o prohibido. Y desde su infancia ha hecho un trabajo bastante bueno absteniéndose de los grandes delitos como asesinar, robar bancos y cometer adulterio. Pero ella sabe que no hay pequeños pecados. Se le ha enseñado, correctamente, que los pecados del corazón y de la mente son igual de ofensivos a los ojos de Dios. Pecados como la envidia, los celos, la codicia, las pequeñas mentiras piadosas y los arrebatos de ira. Pero, a lo largo de su vida, le ha resultado mucho más difícil evitar estos "que no se deben hacer". Así que le enseñaron a examinarse cuidadosamente antes de acercarse a Dios en oración. Esto era necesario, le dijeron, porque cada pecado creaba una separación entre ella y Dios. Por eso cree, incuestionablemente, que su acceso a la sala del trono y a la presencia de Dios está bloqueado hasta que se detenga a ocuparse de los pecados recientes.

Cuando era niña, en la escuela, sus pensamientos se dirigían frecuentemente hacia Dios a lo largo del día. Las pruebas, los problemas y los traumas que acompañan la vida en la secundaria y la preparatoria a menudo la hacían querer acudir a Dios en oración para pedirle ayuda y consuelo, pero ese impulso siempre era seguido —al instante— por un pensamiento limitante y temeroso: *Pero mis pecados ...*

Sin embargo, esto no es lo único que aviva el fuego del agotamiento de Marta. A medida que crecía en la iglesia, conoció otra clase de pecados. Pecados de omisión, los llaman. No solo estaba obligada a evitar todos los "prohibidos", sino que había muchos "permitidos" que se suponía que podía hacer. Innumerables casillas —de su lista de verificación— que debía marcar si Dios realmente iba a estar complacido con ella. La asistencia frecuente a la iglesia, un tiempo devocional diario y hablar de su fe encabezaban una larga lista de cosas que debería estar haciendo.

A medida que crecía, oía a otros hablar de tener una relación profunda, satisfactoria e íntima con un Dios al que conocían como un Padre amoroso. Cuánto anhelaba eso. Pero supuso que esa gente tenía vidas más santas que ella. *Deben pecar mucho menos que yo*, pensaba. Inconscientemente asumía que se habían ganado o que calificaban para ese nivel de intimidad a través de un buen comportamiento y de buenas obras. Así que su deseo de tener más intimidad con Dios alimentó innumerables propósitos de hacerlo *mejor*. De *esforzarse más*. (Un amigo mío dice que toda la enseñanza de la iglesia sobre el crecimiento espiritual puede resumirse en dos palabras: *Esfuérzate más*).

Marta rara vez ha dudado de que irá al cielo cuando muera. Pero duda constantemente de que Dios esté complacido con ella. Nunca ha tenido la seguridad de que la niña que lleva dentro fuera aceptada, recibida y bienvenida en el regazo de Dios. Otros podrían tener esa seguridad. Pero ella no. La Biblia hecha jirones que tiene desde el instituto ahora solo se abre en el Salmo 51, la oración de arrepentimiento desconsolado de David tras cometer adulterio y asesinato. Ella se lo sabe de memoria:

> Ten piedad de mí, oh Dios, conforme a tu misericordia;
> Conforme a la multitud de tus piedades borra mis rebeliones.
> Lávame más y más de mi maldad,
> Y límpiame de mi pecado.
> Porque yo reconozco mis rebeliones,
> Y mi pecado está siempre delante de mí.
> Contra ti, contra ti, solo he pecado,
> Y he hecho lo mal delante de tus ojos;
> Para que seas reconocido justo en tu palabra,
> Y tenido por puro en tu juicio (Salmo 51:1-4 RVR1960).

Cada vez que Marta lee este capítulo, en un esfuerzo por sentirse lo suficientemente limpia y aceptable para acercarse a Dios en oración, el versículo once le trasmite una helada descarga de miedo a través de su alma: "No me eches de delante de ti, y no quites de mí tu santo Espíritu", escribió David. Plenamente consciente de que Dios conoce sus pensamientos más íntimos, Marta ha vivido toda su existencia con el temor de que Dios pueda un día cansarse de su continua necesidad de perdón y hacer lo que David suplicó a Dios que *no* hiciera. Es decir, dejarla fuera de su salón del trono de una vez por todas.

¿Es de extrañar que esté agotada? ¿Debería maravillarnos que se tambalee al borde de la desesperación? Ojalá pudiera ser como su buena amiga, la llamaremos María, que es una de esas personas que evidentemente disfruta de una relación estrecha, íntima y vivificante con Dios.

María también se crio en un hogar cristiano pero, en algún momento del camino, se encontró con alguna enseñanza que le aportó los conceptos que usted ha visto en los capítulos anteriores. Ella aprendió que a través del nuevo nacimiento, murió a la obligación ante la ley y que, en vez de eso, se casó con Jesús. Y que él se convirtió en el completo cumplimiento de todo lo que la ley requería. Descubrió que nunca más tenía que acercarse a Dios en base a *su* justicia, sino que —por gracia— se había "convertido" literalmente en justicia de Jesucristo.

Todo eso significaba que ella siempre veía la puerta a la presencia de Dios abierta, de par en par. Una vez que renovó su mente a esas verdades —y que arraigó su identidad en ellas— empezó a sentirse libre para volar a sus brazos amorosos en cualquier momento de necesidad o crisis.

Es más, ya no veía el pasar tiempo con Dios como una actividad que había que marcar en su lista de quehaceres para tener derecho a una bendición o a una oración contestada. La comunión con su Creador se convirtió en un privilegio, no en un requisito. Una oportunidad, no un deber. Eso significó que sus momentos con el Padre pasaron a ser una fuente de alegría en su vida. Con él recibía fuerza, sustento e instrucción. Y lo que es más, en su presencia experimentó la transformación. Sus deseos comenzaron a cambiar. Aunque su amiga Marta había pasado toda su vida tratando (y fracasando) de cambiar de afuera hacia adentro mediante la cruda autodisciplina y la fuerza de voluntad, María estaba experimentando un cambio aparentemente sin esfuerzo de adentro hacia afuera.

A María se le había enseñado a vivir su fe en Dios sin miedo al rechazo. Sin miedo al juicio. Sin miedo a no tener derecho a lo que

Jesús podía proporcionarle con su muerte. Por el contrario, los bienintencionados maestros y mentores de Marta temían que alguna vez dejara de tener miedo. Les aterrorizaba que si alguna vez se daba cuenta de que su relación con Dios no dependía de su buen comportamiento, se volvería loca y convertiría el don de la gracia de Dios en una licencia para pecar. Irónicamente, el legalismo sin gracia que había absorbido en sus primeros años de vida, en realidad, estaba avivando su carne y su deseo de hacer el mal. Marta estaba atrapada en la pesadilla que Pablo describe en Romanos 7:15: "Realmente no me entiendo a mí misma, porque quiero hacer lo que es correcto, pero no lo hago. En cambio, hago lo que odio" (NLT). Esto, a su vez, mantiene a Marta bajo un constante y aplastante peso de condenación. Vimos en un capítulo anterior que la ley tiene un ministerio de condenación. Y nuestra pobre Marta es receptora de ese "ministerio" todos los días.

> La comunión con su Creador se convirtió en un privilegio, no en un requisito. Una oportunidad, no un deber.

¿Cuán diferentes son las vidas de estas dos hijas de Dios y seguidoras de Jesús? Una vive esclavizada por las normas. La otra es guiada por el Espíritu. Medite en ello a la luz de las palabras del capítulo 8 de Romanos:

> Porque todos los que son guiados por el Espíritu de Dios, estos son hijos de Dios. Pues no habéis recibido el *espíritu de esclavitud para estar otra vez en temor*, sino que habéis recibido el espíritu de adopción, por el cual clamamos: "¡Abba, Padre!" (vv. 14-15 RVR1960, énfasis añadido).

Existe otro modelo bíblico para entender la diferencia entre la vida de estas dos creyentes en Dios. Se encuentra en los capítulos tercero y cuarto de Hebreos, y podríamos titularlo: esfuerzo versus descanso.

Ya hemos señalado que el libro de Hebreos se escribió inicialmente a los creyentes judíos y a los judíos que consideraban la posibilidad de creer en Jesús. En estos capítulos clave, el escritor compara la antigua generación de israelitas que, por su temerosa incredulidad, perdieron la oportunidad de entrar en la Tierra Prometida, con la gente de su época que —por su incredulidad— se negaba a entrar en esa tierra de la nueva alianza. En repetidas ocasiones, el autor describe la Tierra Prometida original como un lugar de "descanso" (ver Hebreos 3:11). Luego, en los versículos iniciales del capítulo 4, leemos lo siguiente sobre la invitación de Dios a entrar en el descanso de la nueva alianza:

> Temamos, pues, no sea que permaneciendo aún la promesa de entrar en su reposo, alguno de vosotros parezca no haberlo alcanzado ... *Porque ... nosotros ... los que hemos creído entramos en ese reposo* (vv. 1, 3a RVR1960, énfasis añadido)

Y en el versículo 11 (RVR1960):

> *Procuremos*, pues, *entrar en aquel reposo*, para que ninguno caiga en semejante ejemplo de desobediencia (énfasis añadido)

Se nos exhorta a "procurar (o esforzarnos)" para entrar en el descanso que Dios nos ha proporcionado en Jesús. Pero, ¿cómo? ¿Qué significa entrar en esa clase de descanso? Los dos versículos que preceden al versículo once responden a esa pregunta.

> Queda todavía un reposo especial para el pueblo de Dios; *porque el que entra en el reposo de Dios descansa también de sus obras*, como Dios descansó de las suyas. (Hebreos 4:9-10, énfasis añadido)

Ahí lo tiene. Entrar plenamente en la obra terminada de Jesús, en la cruz, representa un tipo de descanso sabático de nuestras obras. Y en caso de que no estemos seguros de lo que eso significa, el escritor nos lo explica. Dios pasó seis días trabajando activamente y dando forma a su creación. Luego, en el séptimo, entró en un descanso prolongado y continuo: su Sabbat. Dios había ordenado a los israelitas que recordaran y honraran eso instituyendo el descanso del séptimo día en Israel.

El pasaje anterior dice que podemos y debemos entrar en el reposo de Dios —descansando de nuestras obras—, al igual que Dios hizo con las suyas. El contexto más amplio de Hebreos deja claro que descansar de las obras no significa dejar el trabajo y echarse en un sofá todo el día. Observe que unos capítulos más adelante, este mismo escritor nos exhorta a que "despojémonos de todo peso y del pecado que nos asedia, y *corramos con paciencia* la carrera que tenemos por delante" (Hebreos 12:1 RVR1960, énfasis añadido).

No, entrar en el descanso sabático de Dios significa dejar de trabajar, esforzarse y luchar para *ganar* o *merecer* su posición relacional con Dios y, en vez de eso, recibir el don de gracia de lo que Jesús ganó y mereció en lugar de usted. Significa dejar de esforzarse por *calificar* para establecer una relación íntima con Dios guardando la ley y siguiendo las reglas, y —en vez de eso— permitir que Jesús sea el que califique por usted. Recuerde, la gracia es inmerecida, no ganada y arbitraria.

Entrar en el descanso sabático de Dios significa poner fin al agotador, desalentador y vergonzoso ciclo de lucha y derrota que es el único resultado posible de vivir el tipo de cristianismo que proclama "esfuérzate más", como el de Marta. Significa entrar en la Tierra Prometida para vivir en la justicia imputada de Jesús, como lo hizo María. Allí, en su acceso abierto a Dios, usted es transformado y cambiado "de gloria en gloria":

Así, todos nosotros, que con el rostro descubierto reflejamos como en un espejo la gloria del Señor, somos transformados a su semejanza con más y más gloria por la acción del Señor, que es el Espíritu (2 Corintios 3:18).

Ahora juntemos las imágenes de la Tierra Prometida y del sábado de los capítulos 3 y 4 de Hebreos y apliquémoslas directamente a usted.

Imagínese que ha estado vagando por un desierto caluroso, seco, lleno de matorrales y rocas durante lo que parece una eternidad. Ese desierto ha sido un lugar terrible, difícil para vivir en él. Una estepa dura e inhóspita llena de luchas y penurias. Una en la que usted ha necesitado milagros de provisión solo para sobrevivir. Pero, entonces, un día llega a un río.

Descubre que Dios le ha conducido a la frontera de una tierra asombrosa, tal y como había prometido que haría. Mira al otro lado y apenas puede creer lo que ven sus ojos. Es verde, no marrón ni chamuscada. Los lagos, los ríos y los arroyos parecen estar por todas partes. Las lluvias periódicas y estacionales riegan sus abundantes campos, viñedos y huertos. El lugar parece rebosar abundancia. Usted sabe que vivir en un terreno así sería más que un sueño.

Sorprendentemente, Dios ha dicho: "Esta tierra es tuya. Te la doy. Incluso me he adelantado a ti para hacer posible que la poseas" (ver Deuteronomio 1:8 y 31:8). Ahora solo hay una pregunta. ¿Creerá lo que acaba de decirle? Si es así, se dirigirá con confianza a través de ese río hacia ese nuevo lugar donde su esfuerzo, su lucha y su tesón llegan a su fin.

La misma pregunta permanece ante cada creyente nacido de nuevo. La Palabra de Dios declara: "Queda, pues, un descanso sabático para el pueblo de Dios". ¿Creerá lo que se le ha dicho?

Su salvación fue, en sentido figurado, la liberación de su esclavitud en Egipto. Con mano poderosa, Dios le liberó de la esclavitud del pecado mediante el sacrificio del Cordero Pascual.

Ahora, en su bondad, Dios le ha llevado a la orilla de una buena tierra, que mana leche y miel. Un lugar de descanso. Descanso sabático... en el que usted abandona una necesidad impulsada por el orgullo de ganar y merecer. Sin embargo, la elección sigue siendo suya. Es una elección de fe.

> Como podemos ver, no pudieron entrar por causa de su incredulidad ... aunque la promesa de entrar en su reposo sigue vigente ... (Hebreos 3:19, 4:1a).

Las María que están entre nosotros ya cruzaron al otro lado. A las Martas, aún les espera un *mejor* descanso. Y son muchas. Puedo oírlas preguntar ahora: "¿Pero, qué pasa con las buenas obras? ¿Acaso cuentan para algo?". Es una pregunta importante. La respuesta está a continuación.

Su salvación fue, en sentido figurado, la liberación de su esclavitud en Egipto.

CAPÍTULO 13

POR GRACIA: MEJORES OBRAS

No le mantendré en suspenso. ¡Sí! Esa es la respuesta a la pregunta que hice al final del capítulo anterior.

Sí. Por supuesto, sus acciones —sus obras, buenas y malas— cuentan. Entrar en la gracia y el descanso de la nueva alianza no anula sus acciones ni sus elecciones. La Biblia deja claro que hay recompensas en el cielo. (Hablaremos más de ellas antes de concluir este capítulo). Y en esta vida, el pecado produce invariablemente malos resultados. Quizá se haya dado cuenta de que todo lo que la Biblia llama pecado tiende a ser o autodestructivo, destructivo para los demás o destructivo para la sociedad, y —a menudo— las tres cosas a la vez. La ley moral de Dios refleja su infinito amor por las personas, así que no es de extrañar que él declare estas cosas fuera de los límites. Hieren a los objetos del amor de Dios. Cuanto más haga lo que Dios califica como pecado, peor será su vida. Así que, por supuesto, su comportamiento cuenta.

Sus obras cuentan. Solo que hay dos clases de obras. Y a estas alturas no le sorprenderá saber que, debido a la asombrosa gracia de nuestro Dios, una de esas clases de obras es mucho mejor que la otra.

Ya conoció a Marta y a su amiga María, en el capítulo anterior. Como observador casual que mira desde fuera, probablemente diría que las dos mujeres parecen llevar vidas cristianas muy similares.

Ambas son voluntarias y sirven en su iglesia. Ambas diezman fielmente. Ambas dan ofrendas para apoyar misiones. Ambas ayudan a los pobres. Ambas dan testimonio: hablan con los que se encuentran y les dicen que Dios los ama y que Jesús es su única esperanza de salvación. Sin embargo, una de ellas está agotada y se siente miserable, por lo que —a menudo— se siente lejos de Dios. La otra, a pesar de los días difíciles ocasionales, casi siempre está en paz, está llena de alegría y disfruta de una comunión casi constante con su Padre celestial. ¿Qué ocurre aquí? La disparidad radica en la diferencia entre las "buenas obras" y las "obras muertas". Permítame explicárselo.

En primer lugar, tengo que dejar claro que Dios está muy *a favor de* las buenas obras. Es un fanático de ellas. Por eso Jesús dijo: "Hagan brillar su luz delante de todos, para que ellos puedan ver las *buenas obras de ustedes* y alaben a su Padre que está en los cielos" (Mateo 5:16, énfasis añadido). Y ya he señalado que el versículo que sigue inmediatamente a nuestro pasaje clave, Efesios 2:8-9, declara que aunque no nos salvamos *por* las buenas obras, nos salvamos *para* las buenas obras:

> Porque somos hechura de Dios, *creados en Cristo Jesús para buenas obras*, las cuales Dios dispuso de antemano a fin de que las pongamos en práctica (Efesios 2:10, énfasis añadido).

Usted fue creado en el vientre de su madre la primera vez. Pero fue re-creado —nacido de nuevo— cuando entregó su vida a Jesús y fue bautizado en él. De hecho, según este versículo, las buenas obras que usted puede hacer "en Cristo Jesús" fueron preparadas y planeadas incluso antes de que fuera salvado. Como dice 2 Corintios 5:17: "Por lo tanto, si alguno está en Cristo, es una nueva creación". Por favor entienda, ¡esta nueva creación —*usted*— *fue* diseñada por el Diseñador para buenas obras! Los automóviles son diseñados para circular por las carreteras. Los aviones son diseñados para volar. Los humanos de la nueva creación son diseñados para hacer cosas buenas.

Con esto presente, prepárese para otro profundo dicho de Robert Morris. Quizá quiera subrayar esto... "Las buenas obras son buenas".

No, es verdad. Es bueno hacer buenas obras. Hay una razón por la que las llamamos *buenas obras*. Está ahí mismo en el nombre.

Pero hay otro tipo de obras mencionadas en la Biblia. Las obras muertas. ¿Le sorprendería saber que las obras *muertas* no son ni de cerca tan efectivas como las *buenas obras*?

Para aprender sobre ellas será necesario volver al libro de Hebreos. Tenga en cuenta que este libro —a menudo menospreciado— es probablemente la explicación más clara y completa del Nuevo Testamento sobre la nueva alianza que Jesús estableció mediante su muerte sacrificial. Es el pacto en el que usted y yo estamos si hemos sido salvos, por lo que es útil conocerlo. En el capítulo anterior dedicamos espacio a los capítulos 3 y 4 de Hebreos. Pues bien, en el capítulo 5, el escritor inspirado por el Espíritu Santo expresa cierta frustración con los destinatarios de su carta. Él dice:

> Los automóviles son diseñados para circular por las carreteras. Los aviones son diseñados para volar. Los humanos de la nueva creación son diseñados para hacer cosas buenas.

> Sobre este tema [Jesús y su ministerio como nuestro Sumo Sacerdote] tenemos mucho que decir, aunque es difícil explicarlo porque ustedes se han vuelto apáticos y no escuchan. En realidad, a estas alturas ya deberían ser maestros; sin embargo, necesitan que alguien vuelva a enseñarles los principios más elementales de la palabra de Dios. Dicho de otro modo, necesitan leche en vez de alimento sólido (Hebreos 5:11-12, lo agregado es mío).

Permítame parafrasear eso. Básicamente, está llamando bebés grandes a sus lectores. Dice que han sido cristianos el tiempo suficiente como para haber alcanzado la madurez para comer carne —es más, a esas alturas deberían estar enseñando a los demás— y, sin embargo, seguían necesitando leche. Esto lleva al escritor de

Hebreos, solo unos versículos más adelante, a instar a sus lectores ¡a que crezcan!

> Por eso, dejando ya los rudimentos de la doctrina de Cristo, vamos adelante a la perfección [madurez]... (Hebreos 6:1a RVR1960, añadido mío).

¿Cuáles son estos rudimentos de la doctrina de los que estos creyentes ya deberían haberse graduado? No tenemos que adivinarlo. El escritor los enumera de inmediato:

> No echando otra vez el fundamento del *arrepentimiento de las obras muertas,* de la fe en Dios, de la doctrina de bautismos, de la imposición de manos, de la resurrección de los muertos y del juicio eterno (Hebreos 6:1b-2, énfasis añadido).

Al tope de esta lista de seis cosas que estas personas deberían haber aprendido hace tiempo en el preescolar de Jesús estaba "el arrepentimiento de las obras muertas".

Pero, ¿qué significa eso? ¿Cuáles son esas obras muertas de las que deberían haberse arrepentido hace tiempo? Como sucede tan a menudo al interpretar las Escrituras, el contexto es clave. Tenga en cuenta que el libro de Hebreos está escrito, ante todo, a judíos renacidos. Ellos habían salido de una profunda y antigua tradición que enseñaba que guardar la ley y hacer buenas obras los hacía aceptables a Dios. Pero como gran parte del libro de Hebreos, así como grandes secciones de los escritos del apóstol Pablo dejan claro, nuestros vanos intentos por guardar la ley no podían producir nada más que muerte. Así que una de las primeras cosas que los nuevos creyentes judíos debían entender era precisamente lo que hemos retomado al principio de este capítulo. A saber, que somos salvos *para* buenas obras, no *por* las buenas obras.

Intentar conseguir o mantener una relación con Dios a través de las obras hace que esas obras estén "muertas". No tienen vida en ellas. Eche un vistazo a cómo trata la paráfrasis de *El Mensaje* ese versículo sobre los principios elementales y el arrepentimiento de las obras muertas:

> Así que, dejemos de pintar con los dedos como si fuéramos niños preescolares y avancemos con la gran obra de arte. Crezcamos en Cristo. Las verdades básicas y fundamentales están establecidas: dejar a un lado la "salvación por medio del esfuerzo propio" y confiar en Dios... (Hebreos 6:1)

"Salvación por medio del esfuerzo propio" es una buena forma de expresar lo que la Biblia está describiendo aquí. Así que las obras muertas son cualquier cosa buena que usted haga en un esfuerzo por *ganarse* la aceptación de Dios. (No puede ganarse lo que Jesús compró para usted y que le ofrece como regalo gratuito). Las obras muertas son como los ciudadanos de Babel que decidieron que iban a construir una torre hasta el cielo y así hacerse un nombre (ver Génesis 11:4).

Por el contrario, las buenas obras son todas las cosas que usted hace como consecuencia natural de su conexión vital y su comunión con Dios. *Conexión* es la palabra clave. Probablemente sepa que, en Juan 15:5, Jesús se compara a sí mismo con una vid:

> Yo soy la vid y ustedes son las ramas. El que permanece en mí, como yo en él, dará mucho fruto; separados de mí no pueden ustedes hacer nada.

Fíjese en la palabra *permanece*. La volveremos a ver dentro de un rato. Jesús está revelando que cualquier fruto real y duradero que demos proviene de nuestra conexión con él, es decir, de estar en él y él en nosotros. Sin embargo, muchos de nosotros luchamos por aceptar su afirmación de que separados de él "no podemos hacer nada".

Los destinatarios originales de la Carta a los Hebreos todavía estaban en el preescolar de Jesús puesto que necesitaban arrepentirse de intentar ganarse su conexión con Dios. Insisto, no se puede ganar lo que solo se puede recibir como un regalo. Aparte de la conexión con él, usted no puede dar fruto. Pero como sugiere Jesús aquí, las buenas obras son resultado natural de estar en conexión con él. Su conexión vivificante de descanso como hijo o hija amada de Dios no puede sino resultar en un estilo de vida de buenas obras.

Hay una razón por la que este libro se titula *Gracia, punto* y no *Gracia más…* ni *Gracia y…* ni *Gracia pero…* "Reposo sabático" significa poner todo su peso sobre lo que Jesús logró en la cruz sin añadir nada. Significa no insultar la gracia de Dios a través de esfuerzos orgullosos para ganar su asiento en la suntuosa mesa del banquete divino. Es un patrón de vida que no denigra el enorme precio que Dios pagó —su Hijo unigénito— para comprar el regalo más extravagante jamás hecho.

> Los destinatarios originales de la Carta a los Hebreos estaban todavía en el preescolar de Jesús porque necesitaban arrepentirse de intentar ganarse su conexión con Dios.

Hay una razón por la que Dios durmió a Abraham al establecer un pacto con él. En una ceremonia de pacto paritario, normalmente las dos partes que hacen el acuerdo caminan entre las piezas de los animales sacrificados. Pero lea el relato del capítulo 15 del Génesis: verá que Abraham intenta "ayudar" corriendo frenéticamente de un lado a otro, espantando a los buitres que intentan posarse sobre los cadáveres. Así que Dios pone a Abraham en un profundo sueño (descanso). En el sueño, Abraham ve entonces pasar entre los cadáveres una antorcha humeante y un horno encendido, que simbolizan al Padre y al Hijo.

Detengámonos aquí un momento para saborear la extraordinaria belleza y simetría del divino plan de redención. En los detalles de esta ceremonia de alianza con Abraham, Dios está prefigurando la alianza paritaria que un día establecerá con su Hijo unigénito para nuestro beneficio. En cierto sentido, Abraham nos representa. Como humano caído, no puede entrar en un pacto de paridad con Dios Altísimo. Pero al entrar en la gracia del descanso, puede participar en él porque tiene un apoderado divino en la ceremonia.

Todo ello apoya esta verdad única, vital y central sobre la gracia. Nuestra actividad y nuestras acciones en Dios deben ser *de*, no *para*. Esto es lo que quiero decir.

Hacemos buenas obras *a partir de* nuestra relación con Dios, no *para* nuestra relación con él. Muchos preciosos hijos e hijas de Dios se agotan esforzándose, por sus propios medios, con la esperanza de comprar —mediante el buen comportamiento y las buenas obras— suficientes créditos con Dios para así obtener respuesta a una oración. De acuerdo a esta mentalidad, el amoroso Padre celestial se convierte en una especie de máquina expendedora celestial. Si introduce suficientes fichas de buenas obras, podrá halar la palanca para obtener un premio o una golosina. Ese es un enfoque transaccional muy destructivo para la íntima relación de padre e hijo que Dios estuvo dispuesto a hacer posible para nosotros. Pero, por favor, comprenda que esto no significa en absoluto que la vida llena de gracia sea pasiva y perezosa. Al contrario, vivir a partir *de* su conexión con Dios y *de la* obra terminada de Jesús le dará una vida llena de actividad, aventura, batallas y buenas obras.

Usted ya sabe que el escritor de Hebreos utilizó la entrada de los israelitas en la Tierra Prometida como una alegoría de la vida abundante de la gracia en la nueva alianza. También sabe que Dios, incluso, llamó a la vida en la Tierra Prometida una forma de descanso (ver Salmos 95:11, Hebreos 3:11). Pero esto es lo que quiero que piense.

La generación de israelitas que finalmente cruzó a Canaán no se limitó a llegar al otro lado del río y colgar hamacas entre los árboles para disponerse a dormir la siesta. No. Había ciudades que tomar y enemigos que derrotar, gigantes que matar y granjas que explotar. Había mucho que lograr y, sin embargo... Dios describió esta nueva vida como descanso. ¿Por qué?

Porque toda esa actividad estaba destinada a ser *de*, no *para*. Tanto a través de Moisés como de Josué, Dios había dicho: "Te he dado esta tierra. Es tuya. Ahora ve y aprópiate de ella". Toda la actividad que les esperaba al otro lado del río debía hacerse a partir *de* lo que Dios había prometido. Hecho en la fe porque un Dios fiel había dicho que era suyo. Dicho de otro modo, Dios no dijo: "Vayan a conquistar esa tierra y les permitiré conservarla". No, tanto su confianza como su obediencia fueron el resultado de escuchar lo que Dios había dicho que ya había hecho. Era una obra terminada, así que podían descansar en ella. Todo lo que quedaba por hacer era actuar en consecuencia.

> Tanto su confianza como su obediencia fueron el resultado de escuchar lo que Dios había dicho que ya había hecho.

Las buenas obras, en contraposición a las obras muertas, son muy importantes puesto que la Biblia deja claro que hay recompensas en el cielo. Permítame compartir algunos versículos que nos hacen saber eso.

Ya que invocan como Padre al *que juzga con imparcialidad las obras de cada uno*, vivan con temor reverente mientras sean peregrinos en este mundo (1 Pedro 1:17, énfasis añadido).

Porque el Hijo del Hombre ha de venir en la gloria de su Padre con sus ángeles y entonces *recompensará a cada persona según lo que haya hecho* (Mateo 16:27, énfasis añadido).

He aquí yo vengo pronto [este es Jesús hablando], *y mi galardón conmigo, para recompensar a cada uno según su obra* (Apocalipsis 22:12, énfasis añadido).

Ahora bien, esto no es una contradicción con nada de lo que hemos aprendido sobre la gracia, *si* usted entiende la diferencia entre las obras muertas y las buenas obras.

Las obras muertas no hacen que usted gane recompensas celestiales. Cualquier recompensa que obtenga de las obras muertas, si la hay, es superficial, fugaz y solo en esta vida. Podemos ver esta diferencia en algunos comentarios que Jesús hizo sobre los fariseos. (Por cierto, ellos eran los reyes de las obras muertas).

"Cuídense de no hacer sus obras de justicia delante de la gente para llamar la atención. Si actúan así, su Padre que está en el cielo no les dará ninguna recompensa. Por eso, cuando des a los necesitados, no lo anuncies al son de trompeta, como lo hacen los hipócritas en las sinagogas y en las calles para que la gente les rinda homenaje. Les aseguro que *ellos ya han recibido toda su recompensa*. Más bien, cuando des a los necesitados, que no se entere tu mano izquierda de lo que hace la derecha, para que tu limosna sea en secreto. Así tu *Padre, que ve lo que se hace en secreto, te recompensará en público*" (Mateo 6:1-4, énfasis añadido).

Unos versículos más adelante, en ese mismo capítulo, Jesús dice:

No acumulen para sí tesoros en la tierra, donde la polilla y el óxido destruyen, y donde los ladrones se meten a robar. *Más bien, acumulen para sí tesoros en el cielo*, donde ni la polilla ni el óxido carcomen, ni los ladrones se meten a robar (Mateo 6:19-20, énfasis añadido)

Tenga en cuenta que Jesús no dijo: "Almacenen para mi Padre y para mí... Estamos experimentando una recesión aquí en el cielo y necesitamos algunos fondos". No, él dijo "Almacenen para *ustedes* tesoros en el cielo".

Está claro que hay recompensas en el cielo, y aquí en la tierra, por hacer buenas obras y tomar decisiones piadosas en su comportamiento. Pero el punto es este. Si usted no entiende la gracia, se deslizará a hacer esas obras y (tratar) de tomar elecciones piadosas en un esfuerzo por calificar para conectarse con Dios. Invariablemente acabará luchando por ganarse lo que solo puede recibirse como un don. Pero si entiende que, por gracia, usted tiene una conexión con Dios inmerecida, inadecuada y arbitraria que se basa únicamente en la justicia de Jesús y en lo que él ganó, mereció y obtuvo, entonces se encontrará tanto más motivado como más capacitado para hacer buenas obras. Lo mismo ocurre con sus decisiones morales. Disfrutar de Dios y de su presencia hará que empiece a cambiar sus deseos y le dará la capacidad para evitar comportamientos que la fuerza de voluntad y la autodisciplina no podrían controlar.

Permanecer en Dios es fundamental para cultivar un estilo de vida que acumula tesoros en el cielo. Esto —permanecer en Dios— es la clave para tener una vida que sea recompensada. Ese es el claro mensaje de 1 Juan 2:28:

> Y ahora, hijitos, *permaneced en él*, para que cuando se manifieste, *tengamos confianza,* para que en su venida *no nos alejemos de él avergonzados* (énfasis añadido).

Esto puede ser un concepto chocante para usted pero, al regreso de Jesús, algunos creyentes tendrán confianza, pero otros experimentarán diversos grados de vergüenza. ¿Cuál será la diferencia? Según este versículo, la diferencia es si persiguieron o no un estilo de vida caracterizado por *permanecer en él*. Y como ya hemos visto, usted es mucho más propenso a acercarse y tener comunión con su Padre celestial si ha cimentado su corazón y su identidad en la realidad bíblica de la gracia y el don de la justicia. Son los que permanecen en el desierto de las obras muertas, el legalismo orgulloso y la aprobación basada en el rendimiento los que nunca tienen confianza ante Dios en esta vida. Y si no tiene confianza ante Dios ahora, cuando él es invisible, ¿cómo puede esperar tener confianza cuando esté cara a cara con Dios el Hijo?

Sin embargo, la bondad de la buena nueva es cada vez mejor. En Jesús, tenemos un mejor esposo, una mejor justicia, un mejor descanso. Es más, ahora sabe que incluso nuestras obras son mejores y producen mejores recompensas. Sin embargo, ni siquiera hemos llegado a la que quizá sea la mejor noticia de todas.

TERCERA PARTE

HIJOS E HIJAS, PUNTO.

CAPÍTULO 14

UN PASTOR. UN BUSCADOR.
UN PADRE.

Puede que sea una de las más conocidas de todas las parábolas de Jesús. La mayoría de las personas que no han asistido a una iglesia en su vida entienden la referencia al "hijo pródigo", aunque pocas de ellas podrían darle una definición exacta de la palabra *pródigo*. (Por cierto, significa una persona que gasta dinero imprudentemente).

Toda esta parte del libro se basará en verdades sobre esta historia familiar. Ahora que lo pienso, quizá le resulte *demasiado* familiar. ¿Y si esa familiaridad le ha hecho perder algunas ideas poderosas de esta parábola? ¿Y si contiene la clave que podría alterar por completo el curso de su vida? Es muy posible. Así que prepárese para verla con una óptica nueva. Pero antes, permítame darle un poco de contexto y perspectiva. ¿Por qué contó Jesús esta historia? ¿Qué la motivó?

La encontramos en el capítulo quince de Lucas, detrás de otras dos parábolas más cortas. El hecho es que Jesús lanzó esas tres parábolas en respuesta a una queja que recibió.

Sí, Jesús recibía quejas. Muchas. Todos los líderes las hacen. Esta verdad me recuerda una historia que oí sobre un monje que ingresó en un monasterio que imponía un voto de silencio durante los cinco primeros años de residencia. El juramento les permitía a los monjes internados decir dos palabras cada año. Tras su primer año completo en el monasterio, el abad se acercó a un monje nuevo y le dijo: "¿Hay algo que quieras decir?". El monje pensó un momento y dijo: "Comida. Podrida". El abad investigó el asunto y descubrió que, en efecto, la cocina del monasterio había estado sirviendo comida podrida constantemente. Así que ordenó mejoras en el saneamiento y la calidad de la cocina.

Pasó otro año y el abad acudió al monje una vez más para escuchar las preciosas dos palabras del hombre. Esta vez el monje dijo: "Mantas. Finas". El abad volvió a investigar el asunto y descubrió que el monje decía la verdad. Las mantas de las habitaciones sin calefacción de los monjes eran lastimosamente delgadas y estaban llenas de agujeros. Así que mejoró todas las mantas.

Pasó otro año y llegó la oportunidad anual del monje para hablar. Esta vez el monje, con tristeza en el rostro, dijo: "Debo. Marcharme". Al oír esto, el abad dijo: "Me parece bien. No has hecho más que quejarte desde que llegaste". Sí, Jesús recibía quejas y críticas todo el tiempo. Y una queja en particular le impulsó a pronunciar tres parábolas en rápida sucesión: bum, bum, bum. He aquí esa queja:

> Muchos recaudadores de impuestos y pecadores se acercaban a Jesús para oírlo, de modo que los *fariseos y los escribas* maestros de la Ley *se pusieron a murmurar*: "Este hombre recibe a los pecadores y come con ellos" (Lucas 15:1-2, énfasis añadido).

A los ojos de algunos, Jesús hablaba y comía con la clase de gente equivocada. Por eso, muchas veces, recibió esa queja. De hecho, diez capítulos antes, en Lucas, Jesús recibió la misma crítica de la misma multitud. Su respuesta entonces fue: "Los que están sanos no tienen necesidad de médico, sino los enfermos" (Lucas 5:31). Pero esta vez su respuesta es mucho más amplia. Responde contando tres ilustraciones. Historias de una oveja perdida, una moneda perdida y un hijo perdido. El protagonista de cada parábola es un buscador: un pastor, una mujer, un padre. Los tres revelan la pasión de nuestro Padre celestial por la humanidad perdida y descarriada.

Cuando Jesús llegó a la escena, había básicamente tres tipos de judíos que vivían en Israel: los extremadamente religiosos consagrados (como los fariseos y los escribas), los moderadamente devotos (como los pescadores a los que Jesús llamó para que fueran sus discípulos) y los nada practicantes. Vemos algo muy parecido entre los judíos de nuestros días. Se ve a los ultraortodoxos que ponen un cuidado extremo en observar cada aspecto de la enseñanza rabínica, hasta el más mínimo detalle. Pero también vemos a muchos judíos que son moderadamente observantes. Y hay los judíos completamente laicos, muchos de los cuales no creen en Dios en absoluto, pero aun así se enorgullecen de su herencia étnica.

Así que cuando Jesús visitaba las ciudades y pueblos de Israel, enseñaba en las sinagogas para llegar a los observantes, pero también recorría las carreteras y caminos para alcanzar a los que habían renunciado a cumplir la ley por frustración, desánimo o vergüenza. El mensaje para ambos grupos era el mismo: Arrepiéntanse, porque la llegada del reino está a la vuelta de la esquina. *Este* es el contexto de la queja de las élites religiosas en cuanto a que Jesús conversaba y cenaba con "pecadores". Menciono todo esto porque tiene relación directa con la parábola del hijo pródigo y las otras dos parábolas que Jesús contó con ella en respuesta a esa queja.

Así que comienza con la parábola de la oveja perdida. Sin duda usted la conoce. Jesús hace una pregunta hipotética a los que se quejan. "¿Qué hombre de vosotros, teniendo cien ovejas, si pierde una de ellas, no deja las noventa y nueve en el desierto y va tras la que se perdió hasta encontrarla?" (Lucas 15:4 RVR1960). Jesús continúa describiendo a un buen pastor que, con firmeza pero con amor, asegura a la oveja perdida y la devuelve a la seguridad del redil. Y una vez hecho eso, organiza una fiesta para que él y sus amigos puedan regocijarse por la recuperación de tan preciado bien. Para asegurarse de que sus oyentes no se pierden lo que quiere decir, Jesús proporciona la interpretación y aplicación de su ilustración: "Les digo que así es también en el cielo: habrá más alegría por un solo pecador que se arrepienta que por noventa y nueve justos que no necesitan arrepentirse" (v. 7 RVR1960). Cuando leo estas palabras de Jesús, no puedo evitar pensar en un ejemplo en el que él afirmó claramente que su única misión, antes de ir a la cruz, era llegar a "las ovejas perdidas de la casa de Israel" (Mateo 15:24).

Sí, en un futuro fin de semana pascual él abriría un camino para que *todas las* naciones del mundo se reconectaran con Dios. Pero antes de colgar en esa cruz, parece que Jesús tenía otra misión: llamar a los hijos e hijas descarriados de Abraham (incluidos los fariseos hipócritas) a una fidelidad renovada al espíritu de lo antiguo, para que tuvieran corazones aptos para recibir lo nuevo cuando viniera derramándose del cielo el día de Pentecostés. En otras palabras, antes de que Jesús comenzara la tarea sacerdotal de mediar en una nueva alianza entre la humanidad y un Dios que "amó tanto al mundo", tuvo que desempeñar un papel profético. Un Dios clemente, paciente y sufrido había suscitado un último profeta, exclusivamente para "la casa de Israel".

Jesús sigue esta ilustración de la "oveja perdida" con otra sobre una mujer que había perdido una moneda de las diez que poseía. La búsqueda frenética y agotadora de la moneda revela que era valiosa para ella. De hecho, representaba una décima parte completa de sus bienes. Al igual que el pastor de la historia anterior, el hallazgo de la moneda dio lugar a un gran regocijo y a una fiesta para celebrarlo. Y de nuevo, Jesús se asegura de que nadie se pierda su significado: "Así mismo se alegran los ángeles de Dios por un pecador que se arrepiente" (Lucas 15:10).

Observe que el *arrepentimiento* es el objetivo. Es el *arrepentimiento* lo que produce el regocijo en el cielo. Muchos en nuestra cultura actual intentan explotar la voluntad de Jesús de asociarse con pecadores convirtiéndola en una especie de aprobación, aceptando y aprobando estilos de vida y decisiones pecaminosas. (Recuerde que el pecado siempre es autodestructivo o destructivo para los demás, o destructivo para la sociedad). Cuando los creyentes, con amor, intentamos oponernos a las tendencias culturales que sabemos que son perjudiciales, a menudo se nos acusa de ser intolerantes u odiosos. "Jesús comía con recaudadores de impuestos y pecadores" se saca a relucir como un garrote con el cual golpear a los creyentes por resistirse a cualquier tendencia cultural perjudicial que esté de moda. Esa no es una conclusión válida de este pasaje. Sí, Dios nos encuentra donde estamos, pero no nos deja ahí. Compromiso no equivale a aprobación. El amor verdadero no permitirá que alguien permanezca en un lugar que es autodestructivo o hiriente para los demás. Lo que nos lleva a nuestra historia del niño rico que acabó en una pocilga.

La tercera ilustración que da Jesús es la más larga y detallada. Es la poderosa narración que informará los capítulos venideros. Pero por ahora, limitémonos a señalar que en su centro se encuentra un padre con el corazón destrozado. Sin embargo, es un corazón lleno de esperanza.

> Sí, Dios nos encuentra donde estamos, pero no nos deja ahí.

Antes de entrar en materia, permítame señalar una cosa más sobre estas tres parábolas notables. Como ya he mencionado, Jesús eligió como protagonistas a un pastor, una mujer y un padre. Pensemos un momento en esas tres elecciones.

En más de una ocasión, Jesús se refirió a sí mismo como pastor. Declaró a sus discípulos "Yo soy el buen pastor. El buen pastor da su vida por las ovejas" (Juan 10:11). ¿Es posible que Jesús se esté refiriendo a sí mismo, a Dios Hijo, en la primera de estas tres parábolas?

¿Y qué pasa con la parábola de la moneda perdida? En ella describe a una mujer que busca. En más de una ocasión las Escrituras revelan un papel "escudriñador" (o buscador) para el Espíritu Santo. Por ejemplo, Romanos 8:27 dice: "Y Dios, que examina los corazones, sabe cuál es la intención del Espíritu, porque el Espíritu intercede por los creyentes conforme a la voluntad de Dios". Por otra parte, 1 Corintios 2:10 (RVR1960) dice: "Pero Dios nos las reveló a nosotros por el Espíritu; porque el Espíritu todo lo escudriña, aun lo profundo de Dios".

Ahora bien, la Biblia utiliza sistemáticamente pronombres masculinos para referirse al Espíritu Santo. Sin embargo, hay Escrituras que también sugieren algunos atributos femeninos. En las palabras iniciales de la Biblia, vemos al Espíritu de Dios moviéndose o cerniéndose sobre la faz del abismo (ver Génesis 1:2). La palabra hebrea traducida allí como "revoloteando" es una palabra-imagen que sugiere a una madre pájaro revoloteando o aleteando sobre su nido. Numerosas Escrituras hablan de que el Espíritu Santo tiene una función paridora o dadora de vida. Por ejemplo, Jesús le dijo a Nicodemo que era necesario nacer una vez de mujer pero una segunda vez por el Espíritu.

No tengo intención de llevar esto demasiado lejos, pero permítame sugerir que Jesús puede tener a Dios Espíritu Santo, el buscador, en perspectiva en su historia sobre la mujer que buscaba una moneda perdida.

Por último, y lo más obvio, la tercera historia de Jesús está protagonizada por un "padre". Estamos a punto de sumergirnos en esa, pero por ahora considere esto.

En una breve respuesta a las críticas sobre el compromiso con los pecadores, Jesús pudo muy bien haber representado a Dios Hijo, a Dios Espíritu Santo y a Dios Padre, todos apasionadamente implicados en buscar y salvar "lo que se había perdido" (ver Lucas 19:10). Toda la Deidad anhela salvar. Rescatar. Restaurar. No es de extrañar, entonces, que los ángeles se regocijen por ello.

> Toda la Deidad anhela salvar. Rescatar. Restaurar. No es de extrañar, entonces, que los ángeles se regocijen por ello.

El padre de la parábola de Jesús tiene dos hijos muy distintos. Sin embargo, ambos tenían el mismo problema. Ninguno de los dos entendía lo que significaba ser "hijo" de un buen padre. ¿Lo entiende usted? Pues está a punto de hacerlo.

CAPÍTULO 15

DOS HIJOS. UN PROBLEMA.

Si Hollywood estuviera rodando una película basada en la parábola del hijo pródigo, habría dos papeles espectaculares y uno *mediocre*. Todos los actores esperarían que les dieran el papel del hijo pródigo o del padre. Nadie querría quedarse con el del *otro* hermano. Ni siquiera aparecería en la película hasta el final. Y seamos sinceros, el personaje es un poco imbécil. He aquí la cuestión: a pesar del limitado tiempo en pantalla, hay mucha verdad vivificante que sacar del otro hermano. En efecto, toda la historia es rica en percepciones espirituales. Así que acerque una silla y permítame ayudarle a ver esta parábola familiar con una nueva óptica.

He vivido en Texas casi toda mi vida. Es un estado grande con algunas haciendas ganaderas enormes. Algunas abarcan cientos de miles de hectáreas. Visite un rancho ganadero grande en pleno funcionamiento y notará algo. Verá la espaciosa casa principal donde viven el propietario y su familia. Pero, invariablemente, habrá otras edificaciones residenciales. Encontrará una casa mucho más modesta para el capataz del rancho, el supervisor de todos los peones del rancho. Y encontrará uno o más barracones donde esos peones duermen por la noche. Esos obreros reciben una paga periódica más un lugar donde dormir y tres comidas al día. No es una mala vida. Pero no se parece en nada a la vida que llevan los hijos e hijas del propietario del rancho, aunque participen en el mismo trabajo arduo que los peones contratados. Es más, si usted estuviera observando el funcionamiento del rancho en un día normal, le resultaría difícil distinguir cuáles son los hijos y cuáles los empleados.

Esta es en gran medida la situación que Jesús prevé en su tercera parábola. Al igual que las dos anteriores, se da como respuesta y a la vez como reprimenda a los fariseos y escribas críticos a los que no les gustaba la costumbre de Jesús de relacionarse con personas que habían abandonado la fe judía. Por si no conoce a fondo la historia tal y como la contó Jesús, examinémosla, pieza por pieza. Veamos lo que dice la Escritura:

> Un hombre tenía dos hijos —continuó Jesús—. El menor de ellos dijo a su padre: "Papá, dame lo que me toca de la herencia" (Lucas 15:11-12a).

Es difícil para la mente moderna y occidental comprender lo insultante que era realmente la petición de ese hijo menor en aquella época y lugar. Era algo así como si usted se acercara a su padre y le dijera: "Estás tardando demasiado en morir, papá. Así que, ¿podemos fingir que moriste?". Eso, sencillamente, no se hacía. Según las normas culturales, el padre habría sido justificado si desheredaba completamente a su hijo. Pero en vez de eso, vemos lo siguiente:

> Es difícil para la mente moderna y occidental comprender lo insultante que era realmente la petición de ese hijo menor en aquella época y lugar.

> "Así que el padre *repartió sus bienes entre los dos*" (v. 12b, énfasis añadido).

Solo estamos en las primeras frases de esta parábola y, sin embargo, ya hemos vislumbrado la naturaleza bondadosa del corazón de ese padre. Pero fíjese en algo más. No se limita a darle su parte al hijo menor. (Por cierto, esa parte habría sido aproximadamente la mitad de la parte del hermano mayor. Tradicionalmente, el hijo mayor heredaba una porción doble en relación con todos los demás hermanos). Tal como lo cuenta Jesús, el padre da a *ambos* hijos su herencia. Como dice una versión de la Biblia: "Y les repartió su sustento". La palabra griega traducida allí como "sustento" es *bios* (raíz de nuestro vocablo *biología*), y significa literalmente "vida". Jesús nos está diciendo que el padre dio voluntariamente toda su vida, el trabajo de toda su existencia, y lo hizo por los dos hijos. Por supuesto, los dos hombres respondieron en formas muy diferentes. El hijo mayor se quedó en casa. Y...

> "Poco después el hijo menor juntó todo lo que tenía y se fue a un país lejano; allí vivió desenfrenadamente y derrochó su herencia. Cuando ya lo había gastado todo, sobrevino una gran escasez en la región y él comenzó a pasar necesidad" (Lucas 15:13-14).

Ya conoce el resultado. Cualquier cosa descrita en Israel como "tierra lejana" sería obviamente una nación pagana. Así que el joven no solo se había alejado de la casa de su padre, sino que además se había alejado de la *fe de* su padre. No tardó en dilapidar sus riquezas, acabando arruinado y, para colmo, en medio de una hambruna. Así que por el tipo de desesperación que solo el hambre extrema puede producir, el joven trabajó como el más insignificante de los peones en el peor de todos los lugares para un chico judío: una granja de cerdos. Pero en ese rancho no hay barracas ni comedor. Duerme bajo las estrellas y come lo que le dan los cerdos.

> Por fin recapacitó y se dijo: "¡Cuántos jornaleros de mi padre tienen comida de sobra y yo aquí me muero de hambre! Me levantaré e iré a mi padre y le diré: Papá, he pecado contra el cielo y contra ti. Ya no merezco que se me llame tu hijo; trátame como si fuera uno de tus jornaleros". Así que emprendió el viaje y se fue a su padre (vv. 17-20a).

He aquí algunas cosas que hay que destacar de esos versículos. El joven se dio cuenta de que ser siervo en la casa de su bondadoso padre era mucho mejor que ser esclavo en una tierra pagana. Supuso que había perdido toda esperanza de volver a su anterior condición de hijo del dueño, pero mantenía una chispa de esperanza de que —al menos— lo aceptara como jornalero. Así que empezó a ensayar su argumento de venta con mucha antelación a su llegada a casa.

Como usted sabe, lo que sigue es una de las descripciones más conmovedoras e impactantes de toda la Escritura. Jesús —más íntimamente familiarizado con el corazón del Padre Dios que cualquier ser humano que haya pisado el planeta— dice a sus oyentes:

> Cuando todavía estaba muy lejos, su padre lo vio. Con el corazón saltándole en el pecho, corrió, lo abrazó y lo besó. El hijo empezó su discurso: "Padre, he pecado contra Dios y he pecado contra ti; no merezco que me llames hijo tuyo nunca más (v. 20b BEM).

Sin embargo,

> … el padre no lo escuchaba. Empezó a llamar a sus siervos y les dijo: "Rápido. Traigan una muda de ropa limpia y vístanlo. Pónganle en el dedo el anillo de la familia y sandalias en los pies. Después, busquen el mejor novillo y ásenlo. ¡Vamos a celebrar! ¡Vamos a hacer una gran fiesta! ¡Mi hijo está aquí! ¡Lo dimos por muerto y ahora está vivo! ¡Lo dimos por perdido y lo encontramos!". Y empezaron a hacer una gran fiesta (vv. 21b-24 BEM)

Hay muchas ricas verdades que desentrañar en estos versículos, pero lo haremos en los próximos capítulos. Por ahora, limitémonos a asimilar la escena final de este guion cinematográfico escrito por nuestro Redentor:

Todo ese tiempo el hijo mayor estuvo afuera en el campo. Cuando terminó el día de trabajo se dirigió a casa. Cuando se acercaba a la entrada, oyó la música y el baile. Llamó a uno de los empleados de su padre y le preguntó qué pasaba. Él le dijo: "Tu hermano volvió a casa. Tu padre ha ordenado que se haga una gran fiesta, ¡con las mejores carnes de ternero!, porque llegó a casa sano y salvo". El hermano mayor salió pataleando enfadado y se negó a participar del festejo. Su padre salió y trató de hablar con él, pero no lo quería escuchar. El hijo mayor se quejó: "Mira cuántos años me he quedado aquí sirviéndote, y nunca te di ni un momento de disgusto, pero ¿alguna vez hiciste una fiesta para mí y mis amigos? Ahora aparece este hijo tuyo que desperdició tu dinero en prostitutas ¡y todos ustedes salen a celebrarlo con una gran fiesta! Hasta con el mejor de los terneros". Su padre le dijo: "Hijo, no entiendes. Tú estás conmigo todo el tiempo, y todo lo que es mío es tuyo, pero este es un momento maravilloso, y teníamos que celebrarlo. Este hermano tuyo estaba muerto, ¡y ahora está vivo! Estaba perdido, ¡y lo encontramos!" (vv. 25-31 BEM).

Insisto, como en las dos parábolas anteriores, la historia termina con la celebración y el regocijo por la devolución de lo que se había perdido. Y de nuevo, hay mucho oro que extraer de estas palabras cuidadosamente escogidas de Jesús. Vamos a desenterrar mucho de ello en los capítulos siguientes. Pero por ahora, esto es lo que quiero que vea. En esta historia, ninguno de los dos hijos comprendía su posición con respecto a su padre.

El hijo menor creyó que había perdido su filiación al insultar a su progenitor, quedarse con un tercio de sus bienes y dar la espalda a la fe de su padre. ¡Pero se equivocaba! Puede que hubiera dilapidado su herencia, pero seguía siendo tan hijo de ese padre clemente y misericordioso como el día en que nació. El comportamiento del hombre más joven no cambió; en efecto, no podía cambiar el hecho fundamental de que era hijo. Está claro que este hombre más joven había subestimado enormemente dos cosas: (1) la profundidad del amor del padre, y (2) la naturaleza inquebrantable de su vínculo filial.

> El comportamiento del más joven no cambió; en efecto, no podía cambiar el hecho fundamental de que era hijo.

La respuesta resentida del hermano mayor y sus palabras posteriores revelan que él tampoco comprendía su condición de hijo. Su padre lo quería tanto como a su hermano. Este padre era claramente generoso, de buen corazón y deseoso de bendecir. Y, sin embargo, las airadas palabras del hijo mayor a su padre revelan que creía que tenía que ganarse y merecer cualquier cosa que el padre le diera, como lo haría un sirviente contratado. Mire de nuevo:

> El hijo mayor se quejó: "Mira cuántos años me he quedado aquí sirviéndote, y nunca te di ni un momento de disgusto, pero ¿alguna vez hiciste una fiesta para mí y mis amigos? Ahora aparece este hijo tuyo que desperdició tu dinero en prostitutas ¡y todos ustedes salen a celebrarlo con una gran fiesta! Hasta con el mejor de los terneros" (vv. 29-30 BEM).

Recordará que el padre había dividido previamente su patrimonio entre *ambos* hermanos. Por eso el padre podía responder con razón diciendo: "Todo lo que es mío es tuyo". El hijo mayor no necesitaba esperar hasta la muerte del padre para disfrutar de su herencia. Estaba a su disposición ya junto con la bendición de la conexión con su padre vivo y amoroso. Es más, el padre había delegado claramente la autoridad administrativa en sus hijos. El hijo mayor podría haber accedido a cualquiera de los recursos del rancho en cualquier momento. Sin embargo, siguió operando como un asalariado. Y trabajaba como si su padre fuera duro y tacaño, en lugar de amable y generoso. Esto, también, era un insulto al padre. Él también había subestimado enormemente la profundidad del amor del padre y la fuerza inquebrantable del vínculo relacional padre-hijo.

Es importante comprender que muchas de las profecías y parábolas de la Biblia tienen un doble cumplimiento. En otras palabras, hay un significado inmediato y relevante para los oyentes en el momento en que se da la profecía o se cuenta la parábola, pero a menudo hay un segundo cumplimiento más amplio para un momento posterior, y esta no es la excepción.

> El hijo mayor podría haber accedido a cualquiera de los recursos del rancho en cualquier momento. Sin embargo, siguió operando como un asalariado.

Recuerde que Jesús pronunció las tres parábolas —la oveja perdida, la moneda perdida y el hijo perdido— en respuesta a las críticas de los fariseos y escribas sobre su acercamiento a los que habían abandonado el sistema del Antiguo Testamento —o antigua alianza—, concretamente a los "recaudadores de impuestos y pecadores". Así que el significado inmediato de la parábola del hijo pródigo habría estado claro para todos los que estaban al alcance de su oído. El hijo pródigo (como la moneda perdida y la oveja perdida) representaba a los que habían renunciado a intentar mantenerse fieles a las leyes y reglamentos de la antigua alianza. Al igual que el hijo menor, podían haber creído que hacía tiempo que habían perdido su derecho a la conexión con Dios y a una forma de justicia a través de las fiestas y festivales de Israel como el Día de la expiación. Pero Jesús les estaba diciendo que estaban equivocados. La reconexión con Dios a través de la mancomunidad de Israel les estaba esperando. El Padre que entró en alianza con ellos a través de Moisés seguía de pie en el pórtico esperando que volvieran a casa. Y como revelaba la urgencia de la predicación y la enseñanza proféticas de Jesús, ese regreso a casa era cada vez más urgente y vital. El juicio se acercaba a la casa de Israel en el plazo de una sola generación. El fin de aquel viejo sistema estaba cerca. Y algo muy nuevo y mucho mejor estaba por llegar.

Los oyentes de Jesús también habrían visto probablemente una clara referencia a los escribas y fariseos en la caracterización que él hizo del hermano mayor enfadado y resentido. Lo que quería decir era que ellos también habían perdido el rumbo. En algún momento habían sustituido la fe por el desempeño, concretamente por la fe en el sacrificio del Día de la expiación para cubrir sus pecados y proporcionarles una forma de justicia durante un año. En cambio, ellos —como el joven rico— habían logrado convencerse a sí mismos y a los demás de que su rectitud provenía de la adhesión servil, obsesiva y meticulosa a las leyes reglamentarias de la Torá. Esta es precisamente la razón por la que Pablo dedica una parte importante del libro de Romanos a explicar que la justicia ante Dios siempre viene por la fe, no por las obras. Y que incluso la justicia del padre Abraham vino simplemente porque él creyó a Dios. Sí, las obras y la obediencia son derivados naturales o excrecencias de la fe. Pero la fe es la clave. La obediencia *revela* un corazón de fe, pero nunca puede sustituirla.

Sin embargo, al igual que el hermano mayor del relato de Jesús, los fariseos no comprendieron el deseo de Dios ni su razón fundamental para entrar en pacto con ellos. ¿Cuál era esa razón? La relación. En algún momento después de los setenta años de cautiverio en Babilonia, el establecimiento religioso de Israel había perdido el rumbo. Y allí estaban... enfadados y resentidos porque Jesús, en nombre de su Padre, estaba dando la bienvenida a los pródigos de Israel para que volvieran a conectar con él si estaban dispuestos a regresar. La expresión más plena de esa conexión solo

La obediencia *revela* un corazón de fe, pero nunca puede sustituirla.

podía llegar después de que Jesús completara su obra sacerdotal y sacrificial. Pero volver al verdadero espíritu (no a la letra) de la antigua alianza parece haber sido una parte clave de ese viaje.

Ese fue el primer cumplimiento y significado inicial de la parábola de Jesús. Pero, como he mencionado, hay una aplicación más amplia y prolongada. Una que es profundamente relevante para usted y para mí, porque nosotros también jugamos un papel en esta épica historia de amor. Como estamos a punto de ver, muchos creyentes desempeñan sin saberlo el rol del hermano mayor. Pero una comprensión de la gracia nos pone directamente en la piel del pródigo. Y como cualquier otra parte del evangelio, esto contiene mejores noticias de las que nuestras mentes pueden comprender o nuestros corazones pueden captar.

CAPÍTULO 16

SU TÚNICA

Encontrará muchos temas e hilos conductores fascinantes en la Biblia. Ya hemos visto que un tema son las semillas y la Semilla. Ahora sabe que toda la historia del plan de redención divino puede contarse a través de las referencias bíblicas a las semillas. Los pastores y las ovejas constituyen otro hilo conductor. Es notable cuántos individuos clave en el plan redentor de Dios pasaron tiempo cuidando ovejas o cabras. Las eras son otra pieza recurrente de la imaginería bíblica. Resulta un estudio fascinante ver todas las veces que una era para el trigo o la cebada aparecen en la gran narrativa de las Escrituras.

He aquí una más: las túnicas. Piense en todos los lugares en los que aparecen túnicas o prendas que cubren el cuerpo en el asombroso argumento de las Escrituras. En los primeros capítulos de Génesis, vemos a Adán y a Eva caídos, intentando frenéticamente cubrir su recién descubierta desnudez con hojas de higuera cosidas. Su compasivo Creador sabe que eso es inadecuado. También sabe que sin derramamiento de sangre no hay remisión de pecados (ver Hebreos 9:22). Así que, personalmente, mata a algunas de sus propias criaturas —hechas por él— y confecciona prendas de vestir para cubrir a la pareja.

Sin embargo, un repaso por la Biblia revela que las túnicas hacen algo más que cubrir. En el antiguo mundo bíblico, las túnicas implicaban estatus y autoridad. He aquí algunos ejemplos de los muchos que podría mencionar.

¿Recuerda a José y la capa de muchos colores que le regaló su padre, Jacob? Esa es en realidad una traducción defectuosa en la versión bíblica de la frase original hebrea de Génesis 37:3. Una traducción mejor sería "túnica de cuerpo entero" o, como lo indica la versión judeo-mesiánica de la Biblia —Árbol de la Vida— "una túnica de mangas largas". En otras palabras, de entre los doce hijos de Jacob, este escogió a José para que recibiera una túnica de cuerpo entero que representaba el lugar especial que ocupaba en el corazón de su padre. Que este era el caso se hace evidente por la reacción de los hermanos en el versículo siguiente:

> Viendo sus hermanos que su padre amaba más a José que a ellos, comenzaron a odiarlo y ni siquiera lo saludaban (Génesis 37:4)

Más tarde, cuando Dios estableció el pacto mosaico con las tribus israelitas, les dio instrucciones detalladas sobre lo que el sumo sacerdote debía vestir mientras ministraba en el Lugar Santo y, sobre todo, en el Lugar Santísimo, también conocido como el Santo de los Santos. Esto incluía un manto de lino blanco y una túnica de color azul real o púrpura.

Todo lo relacionado con las cubiertas sacerdotales y el Lugar Santísimo era profundamente significativo y simbólico. No voy a entrar en detalles aquí, pero un estudio de esto revela que el Lugar Santísimo era un lugar temporal en la tierra que recreaba el escenario de Adán en el jardín, antes del pecado y la Caída. El techo de la cámara estaba pintado como un cielo estrellado, porque Adán vivía bajo un cielo abierto. La menorá, o candelabro, de siete brazos, se diseñó como un almendro estilizado que simbolizaba el Árbol de la Vida en el centro del jardín. Y Dios ordenó que las vestiduras del sumo sacerdote fueran de lino y no de lana por una razón específica: El sacerdote no debía vestir nada que le hiciera sudar (ver Ezequiel

44:18). ¿Qué tiene de malo un poco de sudor? Que era parte de la maldición resultante de la Caída:

Con el sudor de tu rostro comerás el pan hasta que vuelvas a la tierra, porque de ella fuiste sacado ... (Génesis 3:19a RVR1960)

Una vez al año, el sumo sacerdote se convertiría, durante unas horas, en el Adán original anterior a la Caída cuando, vestido únicamente con la justicia, podía estar en presencia de Dios. Durante quince siglos serviría como precursor anual, señalando el día en que otro "Adán" final llegaría para abrir el camino a cualquier hombre o mujer dispuesto a regresar a ese jardín de descanso y deleite para disfrutar de la comunión con Dios todos los días.

Hay muchos otros ejemplos que podría mencionar, incluida la escena de 1 Samuel 18 en la que Jonatán, hijo del rey Saúl, entrega su manto real a David como parte de una ceremonia de alianza, presagiando que David, y no Jonatán, se convertiría un día en el próximo rey de las tribus unidas de Israel.

Sin embargo, la túnica que debo señalar ahora es la que llevaba puesta Jesús la noche en que fue arrestado. El capítulo diecinueve de Juan revela que a Jesús no le dieron una túnica. No, el Hijo de Dios sin pecado y completamente justo fue despojado de la suya. Para su juicio, al Príncipe legítimo del cielo se le dio brevemente una túnica púrpura, pero solo en tono de burla. De

> Una vez al año, el sumo sacerdote se convertiría, durante unas horas, en el Adán original antes de la Caída cuando, vestido únicamente con la justicia, podía estar en presencia de Dios.

esto también fue despojado para que pudiera colgar desnudo ante un público mordaz y horrorizado. Mientras colgaba allí, sangrando, los soldados romanos se jugaron su manto sin costuras en cumplimiento de una antigua profecía.

¿Ve la importancia del significado de las túnicas a la luz de todo lo que acabamos de tratar? Pueden significar estatus, posición y autoridad, como la de un rey. También pueden significar rectitud, como con el sumo sacerdote. Y como en el caso de José, una túnica puede ser un signo visible exterior de que el que la lleva es amado.

¿Ve ahora que Jesús era todas esas cosas —el Rey de reyes, completamente justo, indeciblemente amado por su Padre celestial y más— y, sin embargo, en la cruz fue despojado de ellas para hacer posible que usted y yo las recibiéramos como un regalo? Todo lo que le quitaron a Jesús, incluida su túnica, es solo un aspecto de la realidad de que —en la cruz— él cargó con todo lo que la humanidad perdió en la Caída para que nosotros, a través de su muerte, pudiéramos ser completamente restaurados. Sí, las túnicas son significativas.

Esto nos lleva de nuevo a los símbolos que Jesús eligió utilizar en su relato de la historia del hijo pródigo. He aquí un rápido recordatorio:

> "Y el hijo le dijo: Padre, he pecado contra el cielo y contra ti, y ya no soy digno de ser llamado tu hijo. Pero el padre dijo a sus siervos: *Sacad el mejor vestido y vestidle; y poned un anillo en su mano, y calzado en sus pies.* Y traed el becerro gordo y matadlo, y comamos y hagamos fiesta; porque este mi hijo muerto era, y ha revivido; se había perdido, y es hallado. Y comenzaron a regocijarse" (Lucas 15:21-24 RVR1960, énfasis añadido).

Jesús mencionó tres artículos: una túnica, un anillo y unas sandalias. Esto no es casualidad. Eligió cada palabra de esa parábola con intencionalidad y la instrucción del Espíritu Santo. Los examinaremos a su debido tiempo, pero dado todo lo que acabamos de aprender, centrémonos en la túnica para el resto de este capítulo.

Por favor, recuerde el capítulo anterior en el que vimos la manera en que el hermano menor, que regresaba, creía que había perdido su posición como hijo al insultar y avergonzar a su padre, dilapidar una gran parte del trabajo de toda la vida de este y abandonar la fe de su progenitor. La única manera que su mente podía concebir de volver al cobijo y la provisión de su hogar era regresar como sirviente. En otras palabras, empezar a *ganarse* todo lo que esperaba recibir.

También vimos que estaba equivocado. Equivocado en todo.

Al definir la gracia en los primeros capítulos de este libro, descubrimos que los dones de la gracia de Dios son siempre y únicamente *inmerecidos*. Si solo captara esta verdad, la plantara en la buena tierra de su corazón y dejara que arraigara tan profundamente que empezara a formar su sentido de identidad, cambiaría todo lo relacionado con su vida a partir de ahora en adelante. Sin embargo, muchos hijos e hijas de Dios dirán, si se les pregunta: "Sí, mi posición ante Dios es un *don*", aunque todo el tiempo se comportan, piensan y actúan como si se la *hubieran ganado*. Sus acciones siempre revelan lo que *realmente* creen.

Captar esta verdad —que lo que Dios desea darle es cien por ciento *regalo* y cero por ciento *ganado*— lo cambiará todo: la forma

- en que usted se ve a sí mismo,
- en que se trata a sí mismo,
- en que ve a los demás,
- en que trata a los demás
- y, sobre todo, la forma en que ve, se acerca y se conecta con su Padre celestial.

El hijo menor no había sido más que arrogante, necio, egoísta y pecador. *Depravado* es en realidad una palabra mejor para su estilo de vida. Así que, por favor, dígame qué había hecho para *ganarse* los tres regalos que le prodigó su padre a su regreso. La respuesta clara es "nada". Es más, si el hecho de ganar algo hubiera tenido que ver con el otorgamiento de esos dones, lo único que el joven se pudo haber ganado habría sido una reprimenda y el rechazo.

Fíjese por un momento en lo que dijo el hombre en la apertura de su discurso ensayado. Es bastante revelador: "Ya no soy digno de ser llamado hijo tuyo..." (v. 19) ¿Lo ve? Las palabras *ya no soy digno* implican que alguna vez se creyó digno. Su mentalidad era que el buen comportamiento —hacer todo lo que "se debe hacer" y evitar todo lo que "no se debe hacer"— lo calificaba para ser llamado hijo. De acuerdo a ese paradigma, es muy lógico que pensara que su mal comportamiento lo había descalificado entonces de la filiación. Parecía pensar que si se hubiera quedado en casa y hubiera hecho todo lo correcto, habría seguido *mereciendo* o *ganando* su lugar en la mesa con su padre. Esto revela una falta fundamental de comprensión de la naturaleza basada en la gracia de la paternidad y la filiación. (Por favor, entienda que aquí y en el resto de este libro, estoy utilizando los términos *hijo* y *filiación* en un sentido genérico que abarca tanto a varones como a mujeres. Jesús utilizó hijos para dejar claro un punto con esta parábola, pero las verdades que contiene se aplican con igual relevancia y poder tanto a los hijos como a las hijas de Dios).

Vamos a examinar la asombrosa y gloriosa realidad de nuestra adopción como hijos de Dios en un próximo capítulo pero, por ahora, permítame preguntar: ¿Con qué frecuencia, como hijos e hijas amados de un Padre celestial lleno de gracia, llevamos esta misma mentalidad a la iglesia el fin de semana?

> Parecía pensar que si se hubiera quedado en casa y hubiera hecho todo lo correcto bien, habría seguido *mereciendo* o *ganando* su lugar en la mesa con su padre.

Si ha tenido una semana con un mal desempeño —una racha de días en los que, repetidamente, se ha quedado dormido en su tiempo devocional, les ha gritado a los niños, ha herido los sentimientos de su cónyuge y ha hecho otras cosas que "no debe hacer" y que se había comprometido a dejar de hacerlas—, entra en la iglesia cargado de vergüenza y con un pesado sentimiento de descalificación. Su postura espiritual es: "No soy digno de que me llames hijo tuyo". Si, por otro lado, entra en el culto después de una serie de días en los que se ha desempeñado bastante bien, es tentador pensar que puede haberse ganado o merecido cierta confianza ante Dios.

Permítame ser claro. Si cualquiera de esas dos es su forma de pensar, está equivocado. Su posición o lugar como hijo del Padre no se relaciona, de ninguna manera, con su rendimiento. Una vez más, el día de mejor desempeño que haya tenido en su vida es el equivalente a cualquier trapo sucio y maloliente en comparación con la rectitud necesaria para ser reconectado a una relación íntima con un Dios santo.

¿Cuál es la solución, entonces? Bueno, esa pregunta nos lleva de nuevo al primero de esos tres regalos que el padre prodigó al hijo descarriado: la túnica.

Como hemos visto, las vestiduras de lino del sumo sacerdote apuntaban tanto hacia atrás como hacia adelante. Señalaban hacia atrás, a un tiempo anterior a la Caída en el que Adán y Eva, en completa inocencia y pureza, tenían acceso libre —y sin sudor— a la presencia y comunión de Dios. Y a la misma vez, representaban y presagiaban un tiempo en el que el Sumo Sacerdote definitivo —Jesús— abriría un camino para que fuéramos vestidos o ataviados con su propia inocencia y pureza. Con su justicia. Y con esas vestiduras inmaculadas se nos ha restaurado ahora el acceso libre, y sin trabas, a la presencia del Padre una vez más. El profeta Isaías lo previó:

En gran manera me gozaré en JEHOVÁ, mi alma se alegrará en mi Dios; porque me vistió con vestiduras de salvación, *me rodeó de manto de justicia* ... (Isaías 61:10a, énfasis añadido).

Otro pasaje del Antiguo Testamento también presagiaba este milagro. Lo encontramos en el libro de Zacarías, capítulo 3. Se trata de una profecía relacionada con un sumo sacerdote llamado Josué (no *aquel* Josué; este vivió casi mil años más tarde, después de que los judíos regresaran a Israel tras setenta años de exilio en Babilonia).

Dios le dio a Zacarías una visión profética en la que vio a un ángel de pie junto al sumo sacerdote Josué con sus sagradas vestiduras sacerdotales, pero estaban sucias. El lino que debía ser brillantemente blanco estaba cubierto de suciedad. Esto representaba la realidad de que, a lo largo de los siglos en Israel, el sacerdocio se había corrompido. La nación se había alejado repetidamente de Dios y de las estipulaciones del pacto mosaico, y a menudo los sacerdotes habían liderado el camino. Lea sobre los sacerdotes Ofni y Finees en 1 Samuel 2 y 3. Estos dos hijos del sumo sacerdote Elí eran tan libertinos e inmorales como se pueda imaginar. Y eso fue bastante temprano en la historia de Israel. Alrededor de la época de Zacarías, todo el libro de Malaquías fue escrito esencialmente como una acusación de Dios contra el sacerdocio levítico.

¿Y qué pasó con la visión de Zacarías acerca del sumo sacerdote Josué con las vestiduras sacerdotales impuras?

Josué estaba vestido con ropas sucias en presencia del ángel. Así que el ángel dijo a los que estaban allí, delante de él: "¡Quítenle las ropas sucias!". Y a Josué dijo: "Como puedes ver, ya te he liberado de tu culpa; ahora voy a vestirte con ropas de gala" (Zacarías 3:3-4).

¿Lo ve? Una vez más, vemos ropas o vestiduras que simbolizan un *regalo* de pureza y rectitud. Así es, ¡un regalo! Josué no hizo nada para ganarse o merecer ese cambio de vestuario. Las vestiduras le fueron otorgadas únicamente porque la voz del ángel lo ordenó. Y no se trataba de un ángel cualquiera. Fíjese en los dos versículos precedentes:

> Entonces me mostró a Josué, el sumo sacerdote, que estaba *de pie ante el ángel del* Señor y a Satanás, que estaba a su mano derecha para acusarlo. El ángel del Señor dijo a Satanás: "¡Que te reprenda el Señor, quien ha escogido a Jerusalén! ¡Que el Señor te reprenda, Satanás! ¿No es este hombre un tizón rescatado del fuego?" (Zacarías 3:1-2, énfasis añadido)

Se entiende ampliamente que la expresión *Ángel del* Señor, aquí y en otras partes del Antiguo Testamento, se refiere a Dios Hijo entre los tres miembros de la Trinidad. En otras palabras, se trata de Jesús. También está presente otra figura, Satanás, haciendo lo que hace: oponerse y acusar. Fíjese que fue reprendido por eso.

Usted tiene que comprender que el enemigo de su alma siempre está dispuesto a acusarlo y a señalarle todas las formas en que ha errado y ha fallado. Sin embargo, cuando usted acudió a Jesús, ¡Él estaba a su lado con la orden de reemplazar sus ropas sucias por un manto blanco e inmaculado!

¿No es de extrañar que al contar esta historia del pródigo en presencia de los fariseos críticos y acusadores, Jesús eligiera una túnica como primer regalo del padre? Él sabía que estaba a punto de ir a la cruz a cargar con la pena y la vergüenza por los pecados de toda la humanidad. Toda la suciedad de todas las túnicas habidas y por haber estaba a punto de ser depositada sobre él.

> Usted tiene que comprender que el enemigo de su alma siempre está dispuesto a acusarlo y a señalarle todas las formas en que ha errado y ha fallado.

Sí, la túnica presentada al pródigo —en la parábola de Jesús— simbolizaba ciertamente un reconocimiento absoluto de su condición inalterable de hijo, pero representaba mucho más que eso. Anticipaba un día venidero en el que la propia justicia de Jesús podría envolver —como una túnica— a pecadores desnudos como usted y yo, como un regalo totalmente inmerecido. Este es un mensaje claro que Pablo intenta transmitirnos en los capítulos 3, 4 y 5 de Romanos. Vea esto, por ejemplo:

> *Esta justicia de Dios llega, mediante la fe en Jesucristo, a todos los que creen.* De hecho, no hay distinción, pues todos han pecado y están privados de la gloria de Dios, pero por su gracia son justificados gratuitamente mediante la redención que Cristo Jesús efectuó (Romanos 3:22-24, énfasis añadido).

¿De dónde procede la justicia? "De Dios", no de nuestros propios esfuerzos. *¿Cómo* viene? "A través de la fe". ¿Por *qué* somos "justificados gratuitamente"? "¡Por su gracia!".

Esto no podría ser más claro. Sin embargo, la abrumadora tentación es leer esas palabras, decir ¡aleluya! y luego volver a pensar, actuar y relacionarnos con Dios como si nuestra conexión con él surgiera y desapareciera en base a nuestro buen comportamiento. Quizá por eso Pablo aborda el tema desde un ángulo diferente dos capítulos después. Allí nos recuerda que el pecado de nuestro antepasado Adán no solo lo privó (y nos privó) de la justicia, sino que también desencadenó algunas cosas terribles en el mundo, incluida la muerte. Pero que la obediencia de un nuevo "Adán" —Jesús— también desató otras cosas:

> Pues, si por el pecado de un solo hombre reinó la muerte, con mayor razón los que reciben en *abundancia la gracia y el don de la justicia* reinarán en vida por medio de uno solo, Jesucristo (Romanos 5:17, énfasis añadido)

A través de Jesús, "el Único", usted y yo hemos recibido dos cosas: (1) "abundancia de gracia" y (2) "el don de la justicia". ¿El *qué* de la justicia? El don. En verdad, la segunda cosa (el don) es evidencia de la primera (la gracia). Estamos envueltos en vestiduras de justicia por y a través de los infinitos y desbordantes depósitos de gracia de Dios.

Solo, de rodillas en una pequeña posada de carretera llamada Motel Jake, entregué mi vida a Jesús a la edad de diecinueve años. Me levanté —de aquella alfombra felpuda— renacido completamente y para siempre, y con destino al cielo. Pero no entendí la verdad sobre ese manto de justicia por muchos años. Sí, comprendí y abracé con gratitud la asombrosa verdad de que todos mis pecados habían sido perdonados. Lo que no entendí fue que, junto con mis pecados, Jesús también se llevó mi vergüenza.

Anduve innecesariamente abochornado durante años, porque aún recordaba vívidamente la profundidad y la altura del pecado en el que me había visto envuelto en mi juventud. E incluso después de haber sido salvado, continué pecando en maneras pequeñas y grandes. Por supuesto, corría a 1 Juan 1:9 y confesaba mi pecado, aferrándome a la promesa de que Dios me perdonaría misericordiosamente y me limpiaría de "toda maldad". Invariablemente veía su misericordia como lavando mi *culpa* pero nunca mi *vergüenza*. Lo que significaba que a menudo me sentía descalificado para ser usado por Dios en alguna manera significativa. (Lo cual era un problema, ¡porque sabía que tenía un llamado al ministerio!)

Entonces, un día, la verdad de la parábola de Jesús atravesó mi testaruda cabeza y se abrió camino hasta mi corazón. *Comprendí* que lo que hizo el padre del pródigo —envolviendo a su hijo arrepentido en esa túnica especial— era lo que mi Padre celestial había hecho por mí. Fue como si el hijo nunca se hubiera marchado. Había sido —para usar un término teológico— *justificado*, palabra que significa "como si nunca hubiera pecado en absoluto". Con el tiempo, me di cuenta de que era profundamente inapropiado que yo cargara con la vergüenza de mi pecado. Jesús la llevó en la cruz con la misma seguridad con la que yo había cargado con la culpa de mi pecado.

A la luz de esa verdad, empecé a darme cuenta de que no soy justo porque viva constantemente de manera justa. No, vivo cada vez más rectamente porque he sido declarado justo. Debido a que he sido envuelto en ese manto —dotado con la propia justicia de Jesús—, tengo una conexión y una relación íntimas con Dios. Y esa conexión hace que viva más y más alineado con lo que ya soy. Esto también es válido para usted. Usted y yo somos justos por la sangre de Jesús, aunque no siempre vivamos con rectitud.

> Empecé a darme cuenta de que no soy justo porque vivo constantemente de manera justa. No, vivo cada vez más rectamente porque he sido declarado justo.

Muchos creyentes han aceptado que tienen acceso a Dios gracias a la cruz. Sin embargo, debido a que son conscientes del pecado, en vez de ser conscientes del don de la rectitud, siguen utilizando su asombroso don de acceso en forma esporádica y tímida. Solo recurren a Dios en una crisis. Pero cuando acuden a él, se arrastran sobre su vientre, agobiados por la vergüenza y los abrumadores sentimientos de descalificación.

Esta es la cuestión. En el nuevo pacto, la sangre de Jesús no solo nos da acceso, sino que nos da un tipo de acceso "confiado":

Cristo Jesús nuestro Señor, en quien tenemos seguridad y acceso con confianza por medio de la fe en él (Efesios 3:11b-12 RVR1960).

Porque no tenemos un sumo sacerdote que no pueda compadecerse de nuestras debilidades, sino uno que fue tentado en todo según nuestra semejanza, pero sin pecado. Acerquémonos, pues, confiadamente al trono de la gracia, para alcanzar misericordia y hallar gracia para el oportuno socorro (Hebreos 4:15-16 RVR1960).

Ningún creyente que arrastre su vergüenza es "audaz" o "confiado" ante Dios. Eso es impensable. Sin embargo, según estos versículos y otros, así es precisamente como tenemos el privilegio de acercarnos a nuestro Padre celestial. Es la forma en que los hijos se acercan a un buen padre, aun cuando hayan fallado. Los siervos, en cambio, se acercan con inquietud, temor y vergüenza.

Abrazar e interiorizar su verdadera identidad como hijo o hija, en vez de la falsa identidad de siervo, no sucede instantáneamente después de leer unas cuantas Escrituras, o de leer un capítulo de un libro como este. Es un *proceso*. Un proceso de renovación mental. Y sabemos, por Romanos 12:2, que somos transformados por la renovación de nuestra mente. Renovar periódica e intencionalmente su mente con la verdad acerca de su manto de justicia lo transformará. De adentro hacia afuera, usted comenzará a actuar con rectitud porque sabe que ha sido declarado justo. Día tras día, sus acciones comenzarán a alinearse con la identidad declarada por Dios para usted:

> Ningún creyente que arrastre su vergüenza es "audaz" o "confiado" ante Dios. Eso es impensable.

Hijo amado. Hija querida.

Sin embargo, recuerde esto. Ese manto de justicia no fue el único regalo concedido al hijo pródigo. También le dieron otros regalos. Ya es hora de que los comprenda y los reciba.

CAPÍTULO 17

SU ANILLO

Hace varios años, unos arqueólogos israelíes que excavaban en el Monte del Templo, en una zona llamada la Ciudadela de David, se toparon con algo realmente extraordinario. Mientras un científico rebuscaba entre veinticinco siglos de escombros, algo llamó su entrenada atención. Un poco de polvo y su consecuente limpieza revelaron un anillo de piedra para sellar. A primera vista, parecía similar a otros miles de anillos para sellar antiguos que se han desenterrado por todo Oriente Próximo y la región mediterránea a lo largo de los años.

Por si no lo sabe, el anillo de sello —o anillo oficial— es aquel que lleva grabadas marcas que identifican al propietario. La escritura hebrea de este anillo estaba grabada al revés, lo que a veces se denomina escritura en espejo. ¿Por qué? Porque con esos anillos se prensaba la cera blanda que sellaba los sobres de correspondencia, los documentos importantes o los contratos antiguamente. La escritura en espejo del anillo crearía una impresión correctamente orientada en la cera. Los reyes, los señores y las personas adineradas mandaban hacer anillos de sello para sí mismos y para aquellos en quienes delegaban la autoridad para manejar sus finanzas o hacer tratos en su nombre.

Vemos el significado de un anillo de sello en la narración de José en el libro de Génesis:

De inmediato, el faraón se quitó el anillo oficial y se lo puso a José. Hizo que lo vistieran con ropas de lino fino y que le pusieran un collar de oro en el cuello. Después lo invitó a subirse al carro reservado para el segundo en autoridad y ordenó que gritaran: "¡Inclínense!". Fue así como el faraón puso a José al frente de todo el territorio de Egipto (Génesis 41:42-43)

¡Qué imagen más vívida de la manera en que un anillo oficial transmite simbólicamente una delegación de autoridad! En el libro de Ester también aparece uno de esos anillos. Como el malvado Amán maquinaba contra todo el pueblo judío que vivía en el reino de Persia, convenció al rey Asuero de que activara un plan para matarlos a todos. He aquí cómo mostró el rey su acuerdo con el plan inicialmente: "Entonces el rey se quitó el anillo que llevaba su sello y se lo dio a Amán..." (Ester 3:10a).

Al entregarle su anillo a Amán, el rey estaba delegándole la autoridad y el poder real.

Es el mismo tipo de anillo que apareció en el cernidor del Monte del Templo. Como ya he dicho, a primera vista, el arqueólogo descubridor pensó que ese anillo oficial era uno típico. Pero una inspección más detallada reveló que era bastante especial. Las pruebas revelaron que el anillo databa de una época conocida como el periodo del primer templo. El primer templo fue el que financió David, construyó Salomón y destruyeron los babilonios en 586 A. C.

Lo que dejó boquiabiertos a los arqueólogos fue lo que encontraron grabado en el anillo con escritura especular, una vez que lo limpiaron. Se trataba de un nombre: ELIHANA BAT GAEL.

Elihana es la versión femenina del nombre Eli. Y como sabrá, en hebreo *bat* significa "hija de". Así que la inscripción principal del anillo dice: "Elihana, hija de Gael". El anillo también llevaba el nombre completo de su padre, Gael. La historia que cuenta la joya es que hace más de dos mil quinientos años, un padre judío llamado Gael tenía tanta confianza en su amada hija, Elihana, que le regaló un anillo para sellar con el nombre de ambos. Con este ella portaba toda la autoridad de su padre. Podía utilizar esa autoridad delegada —encarnada en la posesión de ese anillo— para tramitar negocios, hacer compras y celebrar contratos en su nombre. Esto, en una época y una parte del mundo en la que las mujeres a menudo eran tratadas como niños en el mejor de los casos y como ganado en el peor.

Cinco siglos o más después, en tiempos de Jesús, los padres judíos ricos seguían utilizando anillos para sellar. Por eso su audiencia debió captar inmediatamente las implicaciones del siguiente detalle de la parábola de Jesús sobre el pródigo:

> "Pero el padre dijo a sus siervos: Sacad el mejor vestido, y vestidle; *y poned un anillo en su mano* y calzado en sus pies" (Lucas 15:22 RVR1960).

No se trataba del regalo de una joya ornamental. El padre de la parábola de Jesús estaba haciendo una declaración clara e inequívoca al colocar el anillo en el dedo de su hijo. Una vez más, un anillo representa la autoridad delegada. Con él, el padre está diciendo: "Este es mi hijo, y está *autorizado* a hablar por mí, a decidir por mí y a actuar por mí".

Tenga en cuenta que las palabras *autorizado* y *autoridad* tienen la misma raíz. La Biblia tiene mucho que decir sobre la autoridad. Las Escrituras dejan claro que Dios es un Dios de orden, jerarquía y proceso, no de caos. Medite en ello. Antes de que él le hablara al universo para que existiera ya había una miríada de seres angélicos creados, y las Escrituras afirman que esos seres estaban organizados en clases, rangos y jerarquías. No es casualidad que cuando Lucifer cayó, un tercio de la hueste angélica aparentemente se unió a la rebelión y se precipitó con él. Esto sugiere una cadena de mando. Muy pocos creyentes tienen siquiera una mínima idea de cómo trabaja Dios a través de la autoridad delegada. Así que antes de examinar el significado del don de ese anillo, obtengamos algo de esa necesaria comprensión.

En los primeros capítulos de la Biblia, vemos a Dios delegando la autoridad sobre el planeta Tierra en su hijo y su hija, Adán y Eva (ver Génesis 1:28). El análisis de las Escrituras en su conjunto también sugiere que la caída de Adán, de alguna forma y en cierto grado, hizo que esa autoridad sobre la tierra pasara a manos del archienemigo de Dios, Satanás. ¿Cómo sabemos esto?

Para empezar, el propio Jesús lo sugiere en un par de ocasiones. La noche de la Última Cena, Jesús dijo a sus discípulos: "No hablaré ya mucho con vosotros; porque viene el príncipe de este mundo, y él nada tiene en mí" (Juan 14:30 RVR1960). ¿El "príncipe de este mundo"? ¿De verdad? Veamos ese mismo versículo en la Biblia El Mensaje:

> Las Escrituras dejan claro que Dios es un Dios de orden, jerarquía y proceso, no de caos.

No hablaré mucho más con ustedes porque el jefe [príncipe] de este mundo impío [Satanás] está a punto de atacar, pero no se preocupen, él no tiene poder ni ningún derecho sobre mí (Juan 14:30).

Esta traducción hace un buen trabajo al reflejar todas las formas en que estas palabras de Jesús podrían traducirse del griego. Las palabras griegas incluyen *árchōn* (príncipe o jefe) y *kosmos* (mundo, sistema u orden).

El *árchōn* —o arconte— era el titular de un cargo gubernamental en los imperios griego y romano. Se trataba de alguien elegido por un emperador para regir una ciudad o una provincia. A menudo tal gobernante era hijo o pariente del emperador y, por tanto, "príncipe". Durante la época de Jesús, había un cargo relacionado en el imperio romano llamado *tetrarca*, que se traduce como "gobernante de un cuarto o una cuarta parte". El gobernador romano que mandó ejecutar a Juan el Bautista, por ejemplo, era Herodes el Tetrarca. El cargo de *arconte* implica una autoridad o gobierno que se delega desde el gobernante más alto.

Así que tenemos que ver cuando Jesús, antes de ir a la cruz, llama a Satanás gobernante o príncipe (*árchōn*) de este mundo, o de los sistemas de este mundo (*kosmos*). Jesús volvería a hacerlo más tarde esa misma noche al decir: "el príncipe de este mundo ya ha sido juzgado" (Juan 16:11).

Hay una prueba circunstancial más. ¿Recuerda la tentación de Jesús en el desierto inmediatamente después de su bautismo? Después de pasar cuarenta días sin comer, Jesús se enfrentó a tres feroces tentaciones. Quiero señalar algo sobre la segunda de ellas:

> Entonces el diablo lo llevó a un lugar alto y le mostró en un instante todos los reinos del mundo. "Sobre estos reinos y todo su esplendor —le dijo—, *te daré la autoridad, porque a mí me ha sido entregada* y puedo dársela a quien yo quiera. Así que, si me adoras, todo será tuyo". Jesús contestó: "Adora al Señor tu Dios y sírvele solamente a él (Lucas 4:5-8, énfasis añadido).

Hay mucho que podría decir sobre esto, pero por ahora solo quiero señalar que Satanás le mostró a Jesús "todos los reinos del mundo" y luego ofreció darle "toda autoridad" sobre ellos a cambio de que Jesús lo adorara. Observe también que Satanás describe que esa autoridad le había sido "entregada" previamente. He aquí mi pregunta. Esas "tentaciones" de Jesús solo pueden ser una prueba verdaderamente dura si son auténticas, ¿le parece? Puesto que la primera tentación fracasó, la segunda tenía que ser aún *más tentadora* que recordarle a un hombre hambriento que podía convertir las piedras en pan. Si Satanás no tuviera, en ese momento, el dominio sobre los reinos de la tierra, entonces su oferta a Jesús no habría tenido sentido, y Jesús lo habría sabido. El diablo solo podía ofrecérselos a Jesús si, en cierto sentido, realmente le habían sido "entregados".

Entonces, ¿cómo se convirtió Satanás, como lo llamó Jesús, en el *arconte* de este *kosmos?* Como ya he sugerido, tuvo que ocurrir en la Caída. En un sentido muy real, Dios había designado a Adán como su *arconte oficial del* planeta Tierra. Había delegado su autoridad soberana —de manera legal y mediante un pacto— al hombre. Dios pretendía que el hombre se asociara con él para llevar a cabo sus buenos planes y propósitos en este mundo.

Esta es la cuestión. Dios es justo, santo y bueno. Él no establece reglas para un sistema y luego las ignora si resultan inconvenientes. No establece un pacto para luego romperlo si su socio estropea las cosas o malgasta su herencia. No, es un Padre que mantiene el pacto hasta "mil generaciones" (ver Éxodo 20:6, Deuteronomio 7:9, Salmos 105:8). Así que solo otro "Adán" podría recuperar legalmente lo que el primero había perdido. El primer Adán, con la barriga llena, se enfrentó a una prueba de obediencia en un paraíso verde y afelpado lleno de abundancia... pero fracasó. Este nuevo Adán —Jesús— se enfrentó a la misma prueba de obediencia pero —aunque casi moría de hambre en un duro y estéril desierto— venció.

Ahora medite en lo que Jesús afirmó sobre Satanás en Juan 14:30. Dijo que el gobernante de este mundo vendrá, pero "no tiene poder ni ningún derecho sobre mí". Cada individuo nacido después de la caída de Adán nació con algún tipo de derecho legal satánico sobre sí. Todos estábamos bajo el "dominio de la oscuridad" (ver Colosenses 1:13). A excepción de Jesús. Las circunstancias milagrosas y brillantemente concebidas del nacimiento de Jesús implican que Satanás no tenía nada en él. Eso habría cambiado si Jesús hubiera fracasado en la prueba de la obediencia. ¡Pero no falló!

> Dios es justo, santo y bueno. Él no establece reglas para un sistema y luego las ignora si resultan inconvenientes.

Con todo eso presente, contrastemos la descripción de Jesús —en cuanto a Satanás— como "el príncipe de este mundo" *antes de* la cruz, con algo que Jesús dijo inmediatamente *después de* la cruz y de su victoria sobre la muerte. Les dijo a sus discípulos:

> *"Se me ha dado toda autoridad en el cielo y en la tierra.* Por tanto, vayan y hagan discípulos de todas las naciones, bautizándolos en el nombre del Padre y del Hijo y del Espíritu Santo"* (Mateo 28:18-19, énfasis añadido)

Observe que Jesús incluyó no solo "en el cielo" sino también "en la tierra" al proclamar "toda su autoridad". ¿Qué había cambiado?

Todo. Pablo, que recibió revelación directa del propio Jesús, e incluso fue arrebatado al tercer cielo (el reino donde habita Dios) comprendió esto a un alto nivel. En el capítulo 2 de Colosenses, Pablo declara que Jesús es "cabeza de todo poder y autoridad" (v. 10). Y luego dice que:

Las circunstancias milagrosas y brillantemente concebidas del nacimiento de Jesús implican que Satanás no tenía nada en él.

> Desarmó a los poderes y a las autoridades y, por medio de Cristo, los humilló en público al exhibirlos en su desfile triunfal (v. 15)

La palabra griega que se traduce como "desarmó", *apekduomai*, puede significar "desacoplar", pero también significa "desnudar" o "despojar".[4] Pablo vio que la victoria de Jesús, en realidad, despojó a Satanás del manto de autoridad que había estado vistiendo desde que Adán se lo entregó tan neciamente. Jesús lo había desarmado de cualquier derecho legal en lo que se refería al control legal de este planeta. A partir de ese momento, Satanás se convirtió en un forajido y un intruso. Un ocupante ilegal que vivía en una casa que ya no tenía ningún derecho legítimo a ocupar. Por supuesto, hay una diferencia entre autoridad y poder. Sí, Jesús despojó a Satanás de toda autoridad, pero nuestro enemigo conservó cierto poder, concretamente el de engañar. Ese es el mismo poder que tenía antes de la Caída, cuando Adán y Eva aún eran los *arcontes* de la tierra ordenados por Dios. Es el poder que utilizó para embaucar a Eva con el fin de que utilizara el don del libre albedrío que Dios le había concedido para violar la prohibición divina de comer del árbol del conocimiento del bien y del mal. El engaño era el poder original de Satanás y es el único que le queda después de haber sido despojado. Él sabe que, como hizo con Eva, su única jugada es mentirnos y engañarnos para que utilicemos contra nosotros mismos el poder del libre albedrío que Dios nos ha otorgado.

Al anunciar que toda autoridad en el cielo y en la tierra le había sido entregada, Jesús estaba declarando que el último Adán había recuperado lo que el primero perdió. Y debido a ello, todo lo posterior a eso sería diferente. Pablo pensó en eso cuando oró para que a los creyentes de Éfeso se les abrieran los ojos de su entendimiento ante algunas realidades espirituales. Una de esas realidades es que comprendieran

> El engaño era el poder original de Satanás y es el único que le queda después de haber sido despojado.

cuán incomparable es la grandeza de su poder a favor de los que creemos. Ese poder es la fuerza grandiosa y eficaz que Dios ejerció en Cristo cuando lo resucitó de entre los muertos y *lo sentó a su derecha en las regiones celestiales, muy por encima de todo gobierno y autoridad, poder y dominio, y de cualquier otro nombre que se invoque, no solo en este mundo, sino también en el venidero. Dios sometió todas las cosas al dominio de Cristo y lo dio como cabeza de todo a la iglesia. Esta, que es su cuerpo, es la plenitud de aquel que lo llena todo por completo* (Efesios 1:19-23, énfasis añadido)

Todo en esos versículos habla de autoridad absoluta. ¿Estar sentado a la derecha de Dios? Autoridad. ¿Estar sentado "muy por encima de todo principado y poder y fuerza y dominio"? Autoridad. ¿Tener un "nombre que se invoque, no solo en este mundo, sino también en el venidero"? Autoridad. ¿Tener "todas las cosas sometidas"? Autoridad.

La palabra griega traducida como "poder" en este pasaje es *exousia*, un vocablo que suele traducirse como "autoridad" en otras partes del Nuevo Testamento. Es el mismo término que utilizó Jesús cuando dijo a sus discípulos que toda la "autoridad" en el cielo y en la tierra le pertenecía a él. Menospreciamos la victoria de Jesús cuando hablamos, creemos y nos comportamos como si Satanás siguiera siendo la autoridad legal en este mundo. Pero hay más.

Como hemos visto, la autoridad puede delegarse. Cuando era joven, en los primeros años del ministerio, serví bajo la instrucción de un maravilloso pastor llamado Olen Griffing. En más de una ocasión le oí decir: "Cuando era más joven, podía parar un camión semirremolque con una mano". Entonces revelaba que antes de entrar en el ministerio a tiempo completo, era policía del estado de Texas. Según explicaba, en virtud de la autoridad delegada por el Estado de Texas y simbolizada por la placa que el Estado le había dado, podía pararse en medio de la autopista, alzar una mano y detener cualquier vehículo, incluidos los enormes camiones de dieciocho ruedas.

Olen habló de una vez que se acercó a un conductor dormido en un auto estacionado ilegalmente. Se trataba de un hombre enorme con una gorra de golf calada sobre los ojos. Olen dio unos golpecitos en la ventanilla entreabierta y dijo: "Señor, no puede estacionarse aquí". El hombre se incorporó un poco y gruñó: "¿Quién dice que no puedo hacerlo?". Olen respondió: "El Estado de Texas dice que no puede estacionar aquí". El hombre se levantó, echó hacia atrás la visera de su gorra y se volteó, mirando directamente a la brillante placa de Olen. "Sí, señor", dijo el individuo en voz baja mientras arrancaba el vehículo. El hombre reconocía la autoridad. No, esa autoridad no provenía de lo que era Olen ni de nada que hubiera hecho. Procedía del Estado que le había expedido esa placa. Todo el Estado de Texas estaba detrás de él cuando habló.

Eso es autoridad delegada. Numerosas Escrituras afirman que, como creyentes nacidos de nuevo, estamos en Jesús y él está en nosotros. Eso significa que portamos su autoridad (ver Mateo 16:19, Marcos 16:17, Lucas 9:1, Lucas 10:18-19, Juan 14:12, 2 Corintios 10:2-5, Efesios 2:6 y 1 Juan 4:4). No es nuestra autoridad, es la de él. Sin embargo, como sucedió con Elihana y su padre, es tanto nuestro nombre como el de Jesús en el anillo oficial —que él ha colocado en nuestro dedo— lo que nos delega su autoridad.

¿No es de extrañar que Jesús hiciera que el padre del pródigo de la parábola se pusiera un anillo en el dedo? Él sabía que un día no muy lejano abriría un camino para que un mundo lleno de pródigos, tanto judíos como gentiles, llegaran al Padre a través de él. Y que cuando lo hicieran, el Padre no solo los envolvería en el manto de su propia justicia, sino que también colocaría un anillo de autoridad en sus dedos. Autoridad delegada. Esa delegación está implícita en lo que sigue a la palabra *por tanto* en el anuncio de Jesús en cuanto a "toda autoridad":

> Jesús se acercó a ellos y dijo: "Se me ha dado toda autoridad en el cielo y en la tierra. *Por tanto,* vayan y hagan discípulos de todas las naciones, bautizándolos en el nombre del Padre y del Hijo y del Espíritu Santo, enseñándoles a obedecer todo lo que les he mandado a ustedes. Y les aseguro que estaré con ustedes siempre, hasta el fin del mundo" (Mateo 28:18-20, énfasis añadido).

¿Lo ve? Jesús dice que, como ha recuperado la autoridad sobre la tierra, los que están en él pueden ir a todo *su* mundo. Aquí se hace eco de las órdenes de marcha a Adán y a Eva en Génesis, a saber: "fructifiquen, multiplíquense, llenen la tierra y domínenla" (parafraseando Génesis 1:28). También hace eco de las órdenes de marcha que Dios giró a los israelitas cuando se preparaban para entrar en la Tierra Prometida. Dios, esencialmente, dijo: "Les he dado esta tierra. Ahora vayan y poséanla".

Unos párrafos anteriores mencioné que, antes de la Caída, Dios había pretendido originalmente que el hombre se asociara con él para llevar a cabo sus buenos planes y propósitos en este planeta. El anuncio de Jesús en cuanto a "toda autoridad" concedida a sus discípulos, seguido de lo que se ha dado en llamar la Gran Comisión, representa una declaración de que ¡el plan ha vuelto a ponerse en marcha!

Esto nos lleva a un aspecto alucinante de esta revelación: Dios ha *decidido* que nos necesita. No nos necesita para cumplir su voluntad en la tierra. ¡Simplemente quiso hacerlo! A los padres les encanta trabajar con sus hijos. Hay una razón por la que Jesús, cuando se le pidió sabiduría sobre cómo orar, incluyó la frase: "Padre… venga a nosotros tu reino, hágase tu voluntad en la tierra como en el cielo" (Mateo 6:10). Hay una razón por la que Jesús dijo: "Les aseguro que el que cree en mí también hará las obras que yo hago y aun las hará mayores, porque yo vuelvo al Padre" (Juan 14:12).

Cuando usted y yo, como pródigos, volvimos a relacionarnos con nuestro Padre celestial, el aro que puso en nuestros dedos era un anillo de autoridad. Y tiene dos nombres en él: su nombre y el de Jesucristo, Rey de reyes. Pero esto presenta una pregunta que es probable que ya haya surgido en su mente.

Si tenemos esta autoridad, ¿por qué tantas vidas cristianas parecen tan impotentes?

Si Jesús nos ha dado "autoridad … para pisotear serpientes y escorpiones y vencer todo el poder del enemigo, y nada

> Dios ha *decidido* que nos necesita. No nos necesita para cumplir su voluntad en la tierra. ¡Simplemente quiso hacerlo!

os dañará" (Lucas 10:19), ¿por qué el diablo parece pisotear a tantos creyentes?

Hay tres cosas que tienden a impedir que caminemos en la autoridad que viene con el anillo que nuestro maravilloso Padre puso en nuestros dedos. Tres cosas que efectivamente limitan nuestra capacidad de asociarnos con Dios para llevar a cabo los planes y propósitos del Rey en la tierra.

¿Le gustaría saber cuáles son esas tres cosas? ¡Examinémoslas!

CAPÍTULO 18

CLAVES PARA USAR EL ANILLO

En un rincón de su pequeña y sombría habitación yace la caja, triste y abandonada. El colorido papel que la envolvía con amor se ha desteñido por los años de exposición a la luz. El lazo dorado que antaño adornaba la parte superior del paquete ahora cuelga lánguido y ajado. Una fina capa de polvo cubre la parte superior del regalo.

El obsequio de su padre llegó hace años, pero sigue sin abrir. Las cosas acabaron mal entre ellos. En un arrebato de orgullo y testarudez, ella le dijo algunas cosas de las que luego se arrepintió profundamente. Un poco de madurez y experiencia acabaron por cambiar su opinión. Como a muchos de nosotros, el tiempo le había dado algo de perspectiva. Sin embargo, una alambrada de orgullo y vergüenza le impide volver a conectarse con él. La misma barrera mantiene sin abrir el paquete que él le envió no mucho después de su airada despedida.

Lo que ella no sabe... no puede saber... es que el regalo que contiene habría mejorado todo en su vida si lo hubiera abierto de inmediato. Habría aliviado sus cargas y la habría protegido de cualquier daño. Aún puede hacerlo. Sin embargo, ahí está. Sin abrir.

Sé que el pequeño cuadro ficticio que acabo de pintar parece imposiblemente triste, sin embargo, innumerables creyentes son como esa mujer. Yo he sido como ella: la receptora de un regalo de un Padre amoroso que quedó en gran medida sin abrir y, por tanto, sin utilizar. En los primeros capítulos de este libro vimos que la *gracia* implica un don, y que los dones deben *recibirse* para activarse. No ganarlos. No merecerlos. No obtenerlos. Recibirlos. Y vimos en el capítulo anterior que uno de los asombrosos regalos de gracia que nuestro Padre celestial nos concede cuando acudimos a él es un anillo de autoridad, como lo simboliza la parábola del hijo pródigo. Sin embargo, ningún regalo se abre solo.

Vimos que Jesús declaró que había recibido "toda autoridad en el cielo y en la tierra" (Mateo 28:18). También dijo que les delegaba a sus seguidores "autoridad para pisotear serpientes y escorpiones y vencer todo el poder del enemigo", y que "nada podrá hacernos daño" (Lucas 10:19). A través de toda la Biblia, las serpientes y los escorpiones simbolizan a los poderes demoníacos. Entonces, ¿por qué no todos los cristianos del planeta —y según algunas estimaciones somos aproximadamente dos mil millones— triunfan completamente sobre el enemigo de sus almas? ¿Por qué los nuevos creyentes no empiezan instantáneamente a andar como Adán antes de la Caída? ¿Por qué unos cristianos obtienen más victorias y avanzan más que otros?

Esas son preguntas importantes. Estoy convencido de que las respuestas yacen en la comprensión de tres atributos clave o tres rasgos que tienden a caracterizar a los creyentes que han usado plenamente el don del anillo de autoridad que su Padre celestial les proporcionó a través de Jesús. Son cristianos que lo usan con gran eficacia y constancia, haciendo retroceder a las tinieblas y llevando esperanza redentora doquiera que van.

> Entonces, ¿por qué no todos los cristianos del planeta —y según algunas estimaciones somos aproximadamente dos mil millones— triunfan completamente sobre el enemigo de sus almas?

En primer lugar, hemos visto desde las primeras páginas de este libro que el principal obstáculo para recibir cualquier don de gracia es el orgullo, el cual —a menudo— hunde sus raíces en la inseguridad. El orgullo quiere desesperadamente merecer y ganar.

Como le ocurrió a la mujer de la ilustración con la que inicié este capítulo, el orgullo deja regalos sin abrir. Todo eso significa que la primera característica común de quienes usan y esgrimen su anillo de autoridad es la *humildad*. El orgullo podría haber impedido que el pródigo volviera a casa. Y podría haberle impedido aceptar esa túnica y ese anillo. Si hubiera insistido en ganar o pagar, se habría mudado al barracón con el resto de los jornaleros y habría vivido como un siervo en vez de como hijo. Sin embargo, el pródigo de la historia de Jesús permitió humildemente que el padre lo introdujera de nuevo en la casa del gran propietario y lo sentara a la mesa familiar donde se servían suntuosas comidas a hijos e hijas.

El Nuevo Testamento tiene mucho que decir sobre el poder de la humildad. Unas líneas antes me referí al momento en que Jesús dijo a sus discípulos que les delegaba "autoridad para pisotear serpientes y escorpiones y vencer todo el poder del enemigo" (Lucas 10:19). Ese anuncio se produjo cuando los setenta discípulos que Jesús envió de dos en dos regresaron jubilosos informando que hasta los demonios se les habían sometido en el nombre de Jesús (v. 17). Me río por dentro cada vez que leo ese versículo, porque los discípulos dieron sus noticias como si Jesús estuviera tan conmocionado como ellos. Es como si dijeran: "Rabí, no va a creer esto, ¡pero hasta tenemos autoridad sobre los demonios!". La respuesta de Jesús fue, parafraseando: "Ahhh, sí. Vi a Satanás arrojado del cielo y golpeado contra la tierra. Así que... sí... los he dotado de autoridad para que venzan todo el poder del enemigo".

Encontramos más de la respuesta de Jesús en los dos versículos que siguieron a lo que dijo sobre "serpientes y escorpiones". Consulte los versículos 20 y 21:

Sin embargo, no se alegren de que puedan someter a los espíritus, sino alégrense de que sus nombres están escritos en el cielo. En aquel momento Jesús, lleno de alegría por el Espíritu Santo, dijo: "Te alabo, Padre, Señor del cielo y de la tierra, porque habiendo *escondido* estas cosas de los *sabios* e instruidos, *se las has revelado a los niños*. Sí, Padre, porque esa fue tu buena voluntad" (Lucas 10:20-21, énfasis añadido).

Aquí Jesús revela que la fuente de su autoridad es que pertenecen al reino de Dios. Esto tiene sentido cuando se medita detenidamente en ello. Cuando usted pertenece y representa al Rey —el que tiene toda la autoridad— esa autoridad le es imputada e impartida hasta cierto punto. Pero estaba destinada a ser aún mejor. Después de la cruz, la realidad sería que no solo perteneceríamos al reino, sino que —de hecho— ¡hemos sido adoptados por el Rey! (Más sobre esto en un próximo capítulo.) Fíjese en lo que ocurre a continuación en el pasaje que acabo de citar.

La alegría pura del Espíritu Santo brota de Jesús en una erupción de oración profética. "En esa misma ocasión, Jesús se llenó del gozo del Espíritu Santo y dijo: 'Oh Padre, Señor del cielo y de la tierra, gracias...'" (v. 21 NTV). Preste atención a algo que dice Jesús en el alegre canto de agradecimiento que siguió a ese "gracias". Se siente abrumado por la gratitud de que el asombroso y antiguo secreto —que desde el principio el plan de Dios era restaurar la autoridad espiritual divina a los humanos como usted y yo— fuera ocultado a los orgullosos. No fueron los que se creían superinteligentes y con grandes credenciales los primeros en conocer esta verdad impresionante. No, según Jesús, fueron los humildes. Pescadores, tenderos, jornaleros, recaudadores de impuestos y pastores de ovejas se convirtieron en los primeros seres humanos, desde Adán y Eva, en ejercer el dominio delegado por Dios sobre la tierra. Esta experiencia había sido negada a los orgullosos y concedida en cambio a los que tenían una humildad infantil. *Esto llenó a* Jesús de una alegría hilarante.

Observe también que Jesús advirtió a los setenta que regresaban que no se ufanaran por ese privilegio. Inmediatamente después de confirmar que en verdad les había otorgado su propia autoridad (v. 19), de nuevo, Jesús dijo:

"Sin embargo, no se alegren de que puedan someter a los espíritus, sino alégrense de que sus nombres están escritos en el cielo" (v. 20).

Este es un recordatorio para mantener lo principal como eso: lo principal. Específicamente, que la mayor fuente de emoción en nuestras vidas debe ser siempre que pertenecemos a Dios y que pasaremos la eternidad descubriendo nuevas maravillas de su brillo y su amor. También es un recordatorio para entender correctamente la causa y el efecto espirituales. El don de la autoridad que se nos ha dado es un *efecto* de haber sido adoptados por él. La *causa* es la adopción. Tener esto presente evitará que nos enorgullezcamos de la autoridad y el poder que hemos recibido.

> Pescadores, tenderos, jornaleros, recaudadores de impuestos y pastores de ovejas se convirtieron en los primeros seres humanos, desde Adán y Eva, en ejercer el dominio delegado por Dios sobre la tierra.

Una de las afirmaciones más conocidas del Nuevo Testamento sobre el orgullo relaciona la humildad con la gracia. Santiago, citando el Salmo 34:8, escribe:

Pero él nos da más gracia. Por eso dice la Escritura: "Dios se opone a los orgullosos, pero da gracia a los humildes" (Santiago 4:6).

El contraste de este versículo me incita a pensar en la gracia como un viento del cielo que me empuja y me ayuda a avanzar hacia las cosas que Dios me ha llamado a hacer. No hace falta ser un experto en conducir veleros para comprender que es más fácil navegar hacia un destino con el viento a favor que navegar *contra* él. El orgullo puede hacer que los vientos del cielo den la vuelta de modo que, en realidad, creen resistencia al avance. Sí, muchos del pueblo de Dios no caminan en el don de gracia de la autoridad que les pertenece en Jesús simplemente porque son demasiado orgullosos para recibirlo. Pero otros dejan que el orgullo saque todo el viento celestial de sus velas.

Debo confesar que sé lo que se siente. En más de una ocasión, he dejado que el orgullo me robe la capacidad de caminar en todo lo que ese anillo de autoridad representa para mí. Recuerdo vívidamente un incidente de mis primeros días en el ministerio. Yo era joven, celoso y estaba encantado de haber encontrado una función viajando con un evangelista conocido a nivel nacional. Ministré en institutos y en mítines juveniles como anticipo de una próxima cruzada evangelística. Y ayudé de numerosas maneras durante los grandes eventos de la cruzada en sí. Era algo bastante embriagador para un joven que, en realidad, ni siquiera llevaba tanto tiempo siendo salvo.

Cierta noche en particular, durante el llamado al altar, una mujer que se había acercado comenzó a mostrar signos de influencia demoníaca. A fin de evitar que se convirtiera en una distracción para los que se acercaban en busca de salvación, fue llevada a una habitación privada en la parte posterior donde pudo recibir ministración. Ahora bien, este libro no es para entrar en una explicación profunda y bíblica de la realidad de las influencias demoníacas sobre las personas. Si usted no está al tanto de estas cosas, solo tendrá que creer en mi palabra cuando digo que la gente, incluso los cristianos, experimentan diversos grados de influencia demoníaca. Y ocasionalmente esa influencia crece hasta convertirse en lo que la Biblia llama una fortaleza. (Razón de más para comprender nuestra autoridad espiritual en Jesús).

Esa noche, el evangelista, mi empleador y mentor, les dijo a los miembros del personal que escoltaban a la mujer de vuelta a la habitación: "Vayan a buscar a Robert Morris y tráiganlo. Él puede manejar esta situación". Cuando me encontraron y me lo dijeron, sentí inmediatamente que una oleada de importancia brotaba de mi interior. Recuerdo que pensé: "*¡Ah, supongo que soy el hombre! Al parecer, cuando necesitan a uno con poder espiritual, soy el tipo al que llaman. ¡Genial!* Recuerdo que pensé en el caso relatado en el capítulo diecisiete de Mateo en el que los discípulos fracasaron repetidamente en su intento por expulsar algunos demonios del joven muchacho. Al final, tuvieron que llamar a Jesús para que hiciera el trabajo. En mi inmadura e insegura imaginación, yo era Jesús en ese escenario. Los otros no pudieron hacer el trabajo en ese caso difícil, así que llamaron al "gran instrumento".

Cuando llegué a la habitación y atravesé la puerta, vi a una mujer alta sentada en una silla retorciéndose mientras dos hombres grandes luchaban con todas sus fuerzas para sujetarla. Ella gruñía como un lobo rabioso. Acababa de entrar en la habitación y contemplar la sobrecogedora escena cuando, con una sola convulsión de su cuerpo, arrojó violentamente a los dos hombres que la sujetaban contra la pared detrás de ella. Fue como si se tratara de muñecos de trapo. Luego me miró y siseó: "Te estaba esperando".

En un instante, cada gota de fanfarronería, audacia y confianza que había llevado a esa habitación desapareció de mí. Por dicha, hacía poco que había ido al baño, de lo contrario también se me habrían escurrido otras cosas. Estaba completamente paralizado por el miedo y la incertidumbre. Sinceramente, quería dar la vuelta y salir corriendo de la habitación, pero el orgullo mantenía mis pies anclados en su sitio. Así que me quedé allí congelado y sin habla, con todos los ojos de la sala mirando... "¡al hombre!".

Entonces, después de lo que me pareció una eternidad, oí una voz femenina —que salía de un rincón de la sala— decir tierna, pero firmemente, una palabra.

"Deténganse".

Me volteé en dirección a la voz y vi a una anciana diminuta que no podía pesar más de cuarenta y cinco kilos. Su ropa y su pelo sugerían que no era ni sofisticada ni adinerada. No me miraba a mí. La abuelita había clavado los ojos en la pobre y atormentada mujer que acababa de arrojar violentamente a dos hombres adultos al otro lado de la habitación. Yo ni siquiera había reparado en ella, pero al parecer había estado sentada en un rincón orando. La vi levantarse, caminar hacia la mujer y señalar en dirección a ella con un dedo huesudo y curtido por el trabajo.

> En un instante, cada gota de fanfarronería, audacia y confianza que había llevado a esa habitación desapareció de mí.

"Deténganse", repitió a un volumen lo suficientemente alto como para que la mujer la oyera y en un tono que sugería la forma en que un profesor de segundo curso hablaría a un niño travieso y alborotador. "Deténganse ahora mismo. Cállense y déjense de escenas. Dejen ir a esta preciosa mujer en el nombre del Señor Jesucristo, por el poder de la Palabra de Dios y por la sangre del Cordero".

Al instante, la atormentada mujer se desplomó en su silla como si estuviera completamente agotada. La diminuta abuela se arrodilló frente a ella y le agarró la cara con sus manos nudosas, le apartó el pelo del rostro y le dijo con profunda amabilidad: "Tranquila, cariño, ya se han ido". Y se fueron. La mujer cayó en los brazos de la mayor, sollozando de alivio.

Desde entonces, he traído ese incidente a mi memoria cada vez que he sentido la tentación de creer que yo era el poderoso hombre de Dios en ese momento. Nunca olvidaré a aquella humilde abuelita que sabía utilizar el anillo de autoridad que había recibido como regalo de su Padre. Sí, la primera de las tres claves para caminar en el don de gracia de la autoridad es la humildad. Dios da gracia a los humildes.

La segunda de esas llaves es la *fe* o, simplemente, la *creencia*. A la mayoría de los creyentes ni siquiera se les ha dicho que tienen un anillo de autoridad con el nombre de Jesús en él. Como resultado, carecen de fe para pisotear "serpientes y escorpiones". No tienen fe para orar con poder o hablar con autoridad a fin de que la voluntad de Dios se haga tan libremente en la tierra como en el reino de los cielos. La fe es algo importante. Jesús hablaba de ella todo el tiempo. La alabó. La buscó. Expresó consternación cuando no estaba presente. Parecía encantado cuando lo estaba.

> Nunca olvidaré a aquella humilde abuelita que sabía utilizar el anillo de autoridad que había recibido como regalo de su Padre.

¿Recuerda lo que Jesús preguntó a los discípulos cuando estaban en una barca, en el mar de Galilea, en medio de una furiosa tormenta? Después que ellos, presas del pánico, despertaron al Salvador dormido y este pronunció dos palabras para calmar la tormenta ("¡Silencio! ¡Cálmate!"), Jesús se volvió hacia ellos y les dijo: "¿Por qué tienen tanto miedo? *¿Todavía no tienen fe?*" (Marcos 4:39-40, énfasis añadido). Aquí y en varias ocasiones más, Jesús parece señalar que los discípulos no estaban ejerciendo la autoridad que él les había delegado porque no recordaban ni creían que la tenían.

Como puede ver, una cosa es poseer autoridad. Otra cosa es conocerla y ejercerla. Una de las mayores ilustraciones del vínculo entre la fe y la autoridad se encuentra en la historia del centurión romano, en el capítulo octavo de Mateo.

> Al entrar Jesús en Capernaúm, se acercó a él un centurión pidiendo ayuda: "Señor, mi siervo está postrado en casa con parálisis y sufre terriblemente". "Iré a sanarlo", respondió Jesús (Mateo 8:5-7).

Jesús estaba acostumbrado a encontrarse con personas que tenían fe para creer que si él acudía a su llamado y estaba físicamente presente, el paciente podía sanar milagrosamente. ¿Recuerda cuando Jairo le suplicó a Jesús que fuera a su casa para curar a su hija moribunda (ver Mateo 9:18-26)? ¿O cómo María y Marta le rogaron a Jesús que acudiera rápidamente cuando le avisaron que su hermano Lázaro había caído mortalmente enfermo (Juan 11:3)? Esos ejemplos muestran un nivel de fe, sin lugar a dudas. Era fe en que los milagros eran posibles *si* Jesús estaba físicamente presente. En el caso del centurión, el Maestro supuso —al principio— que ese era también su nivel de fe, por lo que dijo: "Iré a sanarlo". Pero, en respuesta, el centurión dijo algo que hizo que Jesús se asombrara.

El centurión contestó: "Señor, no merezco que entres bajo mi techo. Pero basta con que digas una sola palabra y mi siervo quedará sano. *Porque yo mismo soy un hombre sujeto a órdenes superiores y, además, tengo soldados bajo mi autoridad. Le digo a uno 've' y va; y al otro, 'ven' y viene. Le digo a mi siervo 'haz esto' y lo hace"* (vv. 8-9, énfasis añadido).

En el sistema militar romano, el centurión era el oficial al mando de una "centuria" —o centenar— de soldados, usualmente constituida por ochenta guerreros más el personal de apoyo. Seis centurias de este tipo se combinaban para formar una *cohorte* romana de unos quinientos soldados. Y diez cohortes se combinaban para crear una *legión romana de unos* cinco mil soldados. Los centuriones eran militares de carrera, es decir, pasaban toda su vida en el ejército hasta que la muerte en combate o la vejez los retiraba. Así que el hombre que estaba ante Jesús tenía un conocimiento profundo y experimental de la autoridad delegada. Tenía hombres a sus órdenes que obedecían incondicionalmente sus mandatos, aunque eso significara una muerte segura. Sin embargo, él también era un hombre bajo autoridad. Obedecía, sin oponerse, las órdenes que recibía. Estaba acostumbrado a enviar órdenes a lugares remotos y a recibir órdenes de lugares recónditos.

De algún modo, ese gentil observó que Jesús también ejercía una gran autoridad. Supuso que, como humano, Jesús debía estar bajo autoridad, ¡y lo estaba! El Señor dijo que solo hacía y decía aquellas cosas que veía hacer y decir a su Padre celestial. Sin embargo, el centurión percibió que Jesús tenía una tremenda autoridad. Por eso le dijo: "Basta con que digas una sola palabra y mi siervo quedará sano" (v. 8). En otras palabras: "No necesitas estar físicamente presente, Jesús. Solo tienes que dar la orden".

Observe la respuesta del Señor a la expresión de fe del centurión en la autoridad de Jesús:

> *Al oír esto, Jesús se asombró* y dijo a quienes lo seguían: "Les aseguro que no he encontrado en Israel a nadie que tenga tanta fe" (v. 10, énfasis añadido).

La fe que el Señor había encontrado entre sus hermanos judíos era del tipo que asumía que él debía estar físicamente presente para que sus órdenes tuvieran efecto. Pero ese soldado tenía una revelación más clara sobre la autoridad delegada. Y esa comprensión produjo en él, en palabras de Jesús, "tanta fe".

Es evidente que la fe es un factor importante para determinar el grado en que operamos con la autoridad que se nos ha otorgado en Cristo. Esto suscita una pregunta que quizá usted ya se esté planteando: ¿Qué socava nuestra fe, o creencia confiada, en la autoridad que Jesús nos ha delegado? A lo largo de los años he aprendido que no siempre es la incredulidad. A menudo, es lo que yo llamaría una *creencia errónea*. Es decir, creer algo que no es cierto. Una forma contundente de describir esto es: "Creer una mentira".

Recuerdo una época, hace varios años, en la que parecía que el diablo atacaba a mi esposa de forma cruel e implacable. Ella enfermó de un terrible caso de herpes zóster o culebrilla. Si nunca ha tenido esto, quienes lo han padecido atestiguarán que puede ser una de las cosas más dolorosas que hayan experimentado. El brote se prolongó semana tras semana. Luego, para colmo de males, contrajo un caso grave de gripe. Tras varios días de fiebre, escalofríos y dolores corporales acudió al médico.

Después mantuvimos una conversación en nuestra cocina. Ella dijo que el médico le había informado que los síntomas de la gripe solían durar entre cinco y siete días. Anteriormente, otro médico le había dicho que el brote de culebrilla podía durar entre cuatro y ocho semanas. Así que mientras hablábamos sobre todos los reportes médicos, nos dimos cuenta de que Debbie estaba en el cuarto día de la gripe que el doctor había dicho que probablemente duraría de cinco a siete días. Así que dijimos: "Bueno, mañana es el quinto día. Esperemos que caiga en el extremo más bajo de ese rango y oremos para que, después, mejore". Usamos una lógica similar con la culebrilla, razonando lo siguiente: "Bien, el médico dijo que la padecerías de cuatro a ocho semanas y esta es la número cuatro. Así que podemos poner nuestra fe y esperanza en el extremo más bajo de ese rango. Convengamos en que esta será la última semana de culebrilla".

Después de aquella conversación, fui al garaje a revisar algunas cosas. Cinco minutos después, Debbie entró por la puerta llorando y sosteniendo un paño de cocina blanco alrededor de la mano. Entonces vi cómo, repentinamente, la toalla se teñía de color carmesí. Al instante supe que ella había lavado un gran florero de cristal en el fregadero. Me imaginé la escena. El jarrón cubierto de jabón se le resbaló de la mano y ella, por reflejo, intentó agarrarlo. Sus manos se movieron rápidamente hacia abajo justo cuando el jarrón golpeaba el duro fregadero y se hacía añicos. Los dedos y los pulgares cayeron con fuerza sobre el cristal roto, lo que al final requirió muchos puntos de sutura en el hospital. Era nuestro tercer viaje a un centro médico en un lapso de treinta días.

Recuerdo vívidamente haber tenido un pensamiento preciso mientras acompañaba a mi esposa sangrante a través de las puertas del recinto de urgencias. En mi mente, me dije: "Satanás, ¿por qué no peleas como un hombre? Si quieres luchar, ven por mí. Deja de atacar a mi mujer, miserable, cobarde". Era la ira y la frustración hablando. Esa línea de pensamiento no era especialmente útil desde un punto de vista espiritual, pero eso me llevó por un camino más provechoso y, en última instancia, abrió una puerta para que el Espíritu Santo me hablara. Sentado en la sala de espera, empecé a preguntar, tanto al Señor como a mí mismo: "¿Por qué no soy capaz de cubrir a Debbie? Yo soy su abrigo. ¿Por qué parece que no soy capaz de protegerla de todos estos ataques?". El clamor de mi corazón era: "*¿Por qué?*".

En ese momento, oí la familiar voz del Espíritu dentro de mí decir: "Es porque has creído una mentira".

Tenga en cuenta que la fe, o la *creencia en la verdad*, es una clave importante para ejercer la autoridad que nos ha otorgado el Padre en Jesús. Y como dije anteriormente, existe tanto la incredulidad como la *creencia errónea*. La incredulidad es esencialmente dudar de lo que Dios ha dicho. Pero la creencia errónea es aceptar algo que no es verdad; en otras palabras, creer una mentira. Otro término con el que esto se conoce es *engaño*. Jesús describió una vez a Satanás como el padre de la mentira (ver Juan 8:44).

En Juan 8:32 Jesús dijo que la verdad que conocemos, o la verdad que se nos revela, nos hace libres. La palabra griega traducida como "verdad" en la declaración de Jesús es *aletheia*, y significa "realidad, o lo que es verdaderamente real". Y siempre hay realidades espirituales que no podemos percibir con nuestros sentidos, pero que son tanto o más "reales" que lo que esos sentidos pueden percibir. ¡La creencia es muy poderosa! Cuando creemos una mentira, estamos sujetos a una falta de libertad en esa área. Otra forma de enmarcar eso es que, en esa área de engaño, no caminamos en la autoridad que se nos ha otorgado en Jesús, por lo que vivimos en esclavitud. No somos "libres" en esa área.

> En ese momento, oí la familiar voz del Espíritu dentro de mí decir: "Es porque has creído una mentira".

En aquel momento, en que pedía a Dios luz y revelación sobre lo que pasaba con mi esposa, oí al Señor decir: "De hecho, has creído dos mentiras". Eso llamó mi atención, así que presioné en busca de entender más aquello.

"¿Qué mentiras he creído?", pregunté.

"Cuando empezó esta oleada de problemas, la aceptaste como algo *normal*".

Entonces, al instante, reconocí la verdad de esto. Cuando Debbie tuvo culebrilla, los dos nos encogimos de hombros y, esencialmente, dijimos: "Esto le pasa a cualquiera. Conocemos a mucha gente que ha tenido culebrilla. Es algo normal".

Luego contrajo una infección que es muy común. Y de nuevo pensamos: "Esto pasa. Es parte de la vida". Entonces, más o menos cuando esa infección había seguido su curso, le dio la gripe. Y dijimos: "Está pasando. Es normal".

Reconocí la creencia errónea que se había escurrido sutilmente en nuestra forma de pensar como pareja. Pero entonces recordé que el Espíritu había mencionado *dos* mentiras. Así que presioné en busca de más luz.

El Señor dijo: "Es normal que el enemigo luche contra mis hijos, pero *no lo es* que mis hijos pierdan". Entonces el Espíritu trajo a mi memoria, instantáneamente, varios ejemplos bíblicos.

"Sí, el ejército egipcio persiguió y acorraló a los israelitas, pero ellos se ahogaron mientras que mi pueblo salió ileso. Sí, Daniel fue arrojado al foso de los leones, pero yo les cerré la boca a esas bestias y Daniel salió ileso. Sí, Sadrac, Mesac y Abednego fueron lanzados a un horno al rojo vivo, pero salieron sin siquiera oler a humo. Hijo, mi Palabra revela que es normal sufrir ataques, pero no es normal perder. Ustedes empezaron a creer que era normal perder".

Eso dolía. Pero era cierto. En verdad, incluso después de andar con Dios y pastorear una iglesia por décadas, sigo aprendiendo. Es muy importante creer en la verdad y no en las mentiras. Por eso el ministerio del Espíritu Santo es tan vital en nuestras vidas. ¿Por qué? Porque Jesús nos dijo que una de las muchas y maravillosas funciones del Espíritu es "guiarnos a toda la verdad" (Juan 16:13). En otras palabras, para que él le muestre las áreas en las que usted ha sido engañado. Áreas en las que ha creído la mentira. Áreas en las que usted ha aplicado el poder de la fe a una falsedad.

He aquí una pregunta. En el capítulo 6 de Efesios, donde encontramos la lista de "toda la armadura" de Dios, ¿qué pieza de esa armadura es "capaz de apagar todos los dardos de fuego del maligno"? (vv. 11, 16). El escudo, ¡por supuesto! ¿Pero el escudo de qué?

¡La fe! La fe —creer en la verdad, abrazar la realidad espiritual con todo el corazón y toda la mente— apaga todas las flechas incendiarias del enemigo. Sí, debemos esperar algunos combates. Pero también debemos esperar ganar porque tenemos el anillo del Padre.

> Sí, debemos esperar algunos combates. Pero también debemos esperar ganar porque tenemos el anillo del Padre.

Hasta ahora, hemos identificado dos claves para andar eficazmente en la autoridad que Jesús nos delegó: la humildad y la fe. He aquí la tercera.

Consagración. Es un término teológico rebuscado que significa simplemente "entrega total a la voluntad y los caminos de Dios". En la vida cotidiana, la consagración auténtica implica el hábito de responder cuando el Espíritu Santo nos da un aviso. "Porque todos los que son guiados por el Espíritu de Dios son hijos de Dios", nos dice Romanos 8:14. Así es como los hijos e hijas del Rey andan en autoridad. La receptividad a los impulsos y las directrices del Espíritu caracteriza a los creyentes que usan el anillo de la autoridad con eficacia.

Esta es la verdad cruda y pura. A los hijos testarudos, voluntariosos y rebeldes les es difícil caminar bajo autoridad porque ser testarudos, voluntariosos y rebeldes implica, invariablemente, carecer de las dos características anteriores: humildad y fe. Si soy rebelde, es casi seguro que soy orgulloso y que creo en la mentira. Y, como hemos visto, cuando uno está en esa condición, no ve la victoria y los resultados que un portador del anillo de autoridad de Jesús debería ver con naturalidad.

> La receptividad a los impulsos y directrices del Espíritu caracteriza a los creyentes que usan el anillo de la autoridad con eficacia.

Cuando hablamos de la humildad, anteriormente, examinamos Santiago 4:6, que dice: "Dios resiste a los soberbios, y da gracia a los humildes" (RVR1960). Veamos ahora el versículo siguiente: "Someteos, pues, a Dios; resistid al diablo, y huirá de vosotros" (v. 7 RVR1960).

No es casualidad que este versículo siga al de la humildad. Observe la palabra *pues*, que conecta las dos declaraciones bíblicas. La humildad y la sumisión a Dios están muy relacionadas. Y como sugiere ese versículo, *ambas están* conectadas con la victoria sobre el diablo.

He aquí una gran noticia. Como con todo lo demás sobre su vida con Dios, la respuesta es la gracia. Estar en la presencia de Dios suaviza su corazón. El simple hecho de utilizar su acceso confiado al trono de la gracia para permanecer conectado a él, le transforma en un hijo al que le encanta escuchar la voz del Espíritu y responder a ella. No es algo que se trabaje mediante la fuerza de voluntad y la disciplina. Es un resultado orgánico, sin esfuerzo, del simple hecho de estar con su Padre.

> El simple hecho de utilizar su acceso confiado al trono de la gracia para permanecer conectado a él, le transforma en un hijo al que le encanta escuchar la voz del Espíritu y responder a ella.

Aún nos queda más por descubrir sobre las maravillas de la gracia de Dios reveladas en la parábola del pródigo. Todavía hay un tercer regalo que recibió de su acogedor y regocijado padre que no hemos explorado.

CAPÍTULO 19

SUS ZAPATOS

Es probable que haya notado que en los últimos años hemos visto una explosión de interés por coleccionar e intercambiar zapatos de baloncesto y otras modalidades de calzado deportivo. Se les llama "Sneakerheads" y las colecciones que llenan los armarios de algunos de los aficionados más apasionados —muchos de ellos adolescentes— pueden alcanzar fácilmente el valor de decenas de miles de dólares. Parece que la gente se gasta mucho dinero en un par de zapatos deportivos.

En 2021, un coleccionista pagó —en una subasta— un millón y medio de dólares por un par de zapatos marca Nike Air Ships de la estrella del baloncesto Michael Jordan, los que usó en 1984. El propio Jordan usó ese par de zapatos, en particular, en su quinto partido de baloncesto profesional en su temporada de novato. Por otra parte, en 1989, el diseñador de joyas Harry Winston creó un par de zapatillas de rubíes para conmemorar el quincuagésimo aniversario del estreno del filme *El mago de Oz*. Aunque los zapatos que usaba Judy Garland en la película de 1939 estaban cubiertos de unas rojizas lentejuelas baratas, la recreación de Winston estaba recubierta de rubíes auténticos. Los zapatos se vendieron por más de tres millones de dólares. Otros pares de zapatos con incrustaciones de joyas se han vendido por más de diecisiete millones de dólares a ricos magnates árabes del petróleo. Pero, históricamente, los zapatos han sido más una necesidad que un signo de estatus.

Parece que desde que existen pies, espinas y rocas afiladas, la gente ha estado fabricando y usando zapatos. En 1991, en lo alto de los

Alpes italianos, el deshielo de un glaciar reveló el cuerpo congelado de un hombre que murió hace más de cinco mil años. El cuerpo, perfectamente conservado, del hombre al que los científicos llamaron Ötzi estaba abrigado con ropas que incluían un par de botas de cuero cosidas. Todos los cuerpos antiguos de individuos sacados de las ciénagas en Escocia, recuperados de las arenas del Sáhara y descubiertos en tumbas egipcias tenían calzados de algún tipo.

La Biblia contiene muchas referencias significativas a los zapatos y, si se examinan todas esas referencias en su conjunto, se empieza a tener la impresión de que los zapatos tienen un significado simbólico. A Moisés se le ordenó quitarse los zapatos antes de acercarse a Dios en la zarza ardiente (ver Éxodo 3:5). Del mismo modo, a Josué se le ordenó quitarse las sandalias en presencia del "Comandante del ejército del Señor" (Josué 5:15). Por cierto, basándome en otras Escrituras, creo que ese "Comandante" era Jesús, el Hijo de Dios preencarnado. Juan el Bautista declaró, a propósito del Mesías, que él no era digno de quitarle las sandalias. El calzado es una parte destacada de "toda la armadura de Dios" (Efesios 6:11, 15).

Luego, por supuesto, está el versículo que hemos estado examinando en los últimos capítulos:

> "Pero el padre dijo a sus siervos: Sacad el mejor vestido, y vestidle; y poned un anillo en su mano, y calzado en sus pies" (Lucas 15:22).

Ya hemos explorado el significado de los dos primeros artículos que el padre del pródigo regaló a su hijo que regresaba: una túnica y un anillo. Una búsqueda en las Escrituras reveló que ambos artículos tenían un profundo significado en su vocabulario simbólico. Los zapatos no son la excepción.

Estamos a punto de ver que los zapatos representan *derechos*. Así que se deduce que el acto de quitarse los zapatos significa renunciar a los derechos. ¿Vemos eso en alguna parte de la Biblia? Por supuesto que sí.

Ahora bien, si tiene ojos para verlo, todo en el Antiguo Testamento apunta a Jesús. Por eso es tan importante leer el antiguo pacto a través del lente del nuevo pacto. De lo contrario, usted terminará sacando adelante pedazos de la ley que Dios nunca quiso. Solo conseguirá confundirse y tener una doble mentalidad.

Y como vimos en el capítulo titulado "Un marido mejor", eso es como intentar complacer a su quisquilloso excónyuge mientras está casado con un nuevo consorte que es maravilloso y generoso. Leer lo viejo con el lente de lo nuevo significa buscar a Jesús. Y uno de los tipos y prefiguraciones más bellos y conmovedores de lo que Jesús hizo por nosotros es una historia de amor que se encuentra en el libro de Rut.

> Leer lo viejo con el lente de lo nuevo significa buscar a Jesús.

No dedicaré tiempo a relatar toda la historia, sobre todo porque sospecho que ya la conoce. (Si no, puede leer fácilmente los cuatro capítulos de Rut de una sentada). En la consumación de esa historia, la viuda Rut es rescatada, bendecida y elevada a un estatus mucho más alto por Booz, un pariente de su difunto marido. Ese rescate llega en forma de la voluntad de un familiar que sirve en un rol llamado "pariente redentor". Ese papel, y la ceremonia que lo inaugura, estaban arraigados a la ley levítica y a profundas tradiciones culturales de esa parte del mundo.

Rut había hecho un pacto comprometiéndose a cuidar de su suegra, por lo que se encuentra viviendo en una tierra extraña —aunque en la indigencia—, lo que las mantenía a las dos espigando los campos de los ricos terratenientes. Por otro lado, la ley levítica exigía a los israelitas fieles que no cosecharan el grano que quedaba en las orillas de sus campos. (Imagínese un campo que se cosecha por secciones en círculos). Ese grano debía dejarse para los pobres. Los granjeros codiciosos, a los que no les importaban las instrucciones de Dios, ignoraban sistemáticamente ese mandato. Pero una vez que Booz, un hombre bueno, religioso y fiel, descubrió que la esposa y la nuera de su pariente muerto dependían del grano no cosechado para sobrevivir, ordenó a sus peones que dejaran algo de grano sin cosechar.

Como las mujeres no podían heredar en el antiguo Israel, se estableció el rito del pariente redentor para restituir las tierras ancestrales a las viudas mediante un nuevo matrimonio. Normalmente, la responsabilidad de redimir correspondía al pariente masculino más cercano. Tal vez recuerde un incidente en el que una pandilla de saduceos intentó hacer tropezar a Jesús con una pregunta hipotética sobre una mujer cuyo marido muere y su hermano mayor se casa con ella de acuerdo con la ley. Pero ese hombre también muere, de modo que el siguiente hermano hace lo correspondiente y se casa con la viuda. Este también muere, por lo que el proceso se repite hasta que la pobre mujer ha pasado por todos los hermanos de su primer marido (ver Mateo 22:23-32).

Booz amaba a Rut y quería casarse con ella en cumplimiento de ese proceso, aunque el mismo requería comprar —es decir, "redimir"— las tierras que originalmente pertenecían al difunto marido de Rut y al difunto marido de su suegra. Pero Booz no era el primero de la fila. Había otro pariente del difunto marido de Rut delante de él. Así que Booz se dirigió al hombre para ver si estaba dispuesto a desempeñar el papel de pariente redentor. Para alivio y regocijo de Booz, el tipo esencialmente dijo: "Paso", aunque técnicamente era su responsabilidad según la ley. Probablemente pasó porque era una operación costosa e implicaba asumir más responsabilidad, no solo por la esposa sino también por su suegra. Eso dejó el camino libre a Booz que, con un corazón amoroso, estaba más que feliz de desprenderse del dinero y aceptar la responsabilidad. Asumir esa responsabilidad pactada se consumó en una ceremonia.

Incluso hoy en día, tenemos tradiciones muy arraigadas en relación con otra ceremonia que implica una alianza, como lo es la boda. El paso del padre por el pasillo, el intercambio de anillos, el beso y el lanzamiento del ramo de la novia son ejemplos de ello. De forma similar, la entrada como pariente redentor implicaba una ceremonia. Encontramos un elemento muy antiguo y muy específico de ese ritual en el siguiente versículo:

> Había ya desde hacía tiempo esta costumbre en Israel tocante a la redención y al contrato, que para la confirmación de cualquier negocio, el *uno se quitaba el zapato y lo daba a su compañero*; y esto servía de testimonio en Israel (Rut 4:7 RVR1960, énfasis añadido)

Observe que este versículo dice que quitarse y darse un zapato es una señal en Israel para "confirmar *algo*". Hoy usamos bolígrafos para estampar las firmas en los contratos. Sin embargo en cuanto a Israel, la entrega pública de un zapato implicaba la renuncia a un derecho; en este caso, el derecho a ser el pariente redentor. Esto era, simplemente, renunciar al derecho a tomar a Rut como esposa y a comprar las tierras ancestrales, tribales, que pertenecían a su difunto marido. Quitarse el zapato, o los zapatos, era una forma legalmente vinculante de renunciar a sus derechos.

Con esa verdad presente, permítame señalarle un par de ejemplos que he citado brevemente un poco antes. Me refiero a las dos veces en que se les ordenó a Moisés y a Josué que se quitaran los zapatos al pisar la tierra santa para hablar directamente con el Padre y el Hijo. ¿No añade esta verdad una dimensión adicional de comprensión a ese acto? Cuando Dios comenzó a revelarse a esos hombres, empezó por enseñarles que siempre es vital acercarse con una postura de rendición... es decir, de consagración.

Lea el relato en el capítulo 5 de Josué acerca del encuentro de Josué con el Comandante de los ejércitos del Señor y verá a Josué haciendo esta pregunta: "¿Es usted de los nuestros o del enemigo?" (v. 13), lo que puede interpretarse como: "¿Está usted a nuestro favor o a favor de nuestro enemigo?". No puedo evitar reírme cada vez que leo la contundente respuesta del Señor, con un monosílabo, a esa pregunta:

"No".

Por lo general, la expresión "¿Está usted a nuestro favor o a favor de nuestro enemigo?" no es una pregunta que se conteste con un sí o un no. Pero la respuesta de Jesús es básicamente: "Nada de eso, Josué. No estoy aquí para tomar partido. Estoy aquí para tomar el mando". Dicho de otro modo, cuando usted habla con Jesús, la pregunta no es si él está o no a su favor. La pregunta es: "¿Está usted a favor de él?".

"¿Es él el Señor?".

"¿Se ha quitado sus zapatos?".

> Cuando usted habla con Jesús, la pregunta no es si él está o no a su favor. La pregunta es: "¿Está usted a favor de él?".

En el capítulo anterior vimos que una de las formas más comunes en que negamos nuestra capacidad de caminar en la autoridad que Dios nos ha dado —simbolizada por el anillo— es no vivir consagrados a la voluntad y los caminos de Dios. Ahora podemos ver que en estos dos casos, el mandato de "quitarse los zapatos" es una instrucción para someterse a la voluntad y los caminos de Dios. No es coincidencia que en ambos encuentros Dios comunicara *lo que* quería que esos hombres hicieran y *cómo* quería que lo hicieran.

Es su voluntad. Son sus caminos.

He aquí la cuestión. Como vimos al principio de esta travesía, la naturaleza misma del antiguo pacto hacía de las personas *siervos* (o vasallos). Pero el nuevo pacto los hace *hijos*. (Por favor, recuerde que estoy utilizando los términos *hijos* y *filiación en* un sentido genérico para referirme tanto a los hijos como a las hijas de Dios). En la época del Antiguo Testamento, ser siervo de Dios era una oportunidad maravillosa.

Era, con diferencia, el mejor trato de la ciudad. La invitación de Dios a la alianza era especialmente buena porque usted entraba en un acuerdo de vasallaje con un señor que era amable, generoso, fiel y misericordioso. Pero sigue siendo mejor ser hijo que siervo.

Exploraremos esto más a fondo en el siguiente capítulo pero, por ahora, volviendo sus pensamientos a la parábola del pródigo, he aquí una pregunta. Si quitarse los zapatos significa renunciar a sus derechos, ¿qué significaba para el padre pedir que se pusieran zapatos en los pies de su hijo?

Los zapatos aquí representan la restauración completa e integral de los derechos de filiación. Como con cualquier otro don de la gracia, los derechos de filiación no se ganan. No se conceden. Vienen como un derecho de nacimiento.

> La propia naturaleza de la antigua alianza convertía a las personas en *siervos* (o vasallos). Pero el nuevo pacto los hace *hijos*.

Ahora puede que la imagen vaya cobrando sentido. Nos quitamos los zapatos cuando acudimos a Jesús en busca de salvación, renunciando a nuestro derecho a vivir por nuestras propias fuerzas y a abrirnos camino en este mundo caído. Y, en respuesta, el Padre nos pone un par nuevo como regalo gratuito. Son los zapatos de la filiación.

Sin embargo, al igual que con el anillo de autoridad, es muy posible recibir los zapatos de la filiación sin experimentar todos los beneficios, bendiciones y fecundidad que conllevan. Esos zapatos son mejores que todos los Air Jordan y las zapatillas de rubí del mundo juntos. Así que adelante, exploraremos cómo usar sus asombrosos zapatos nuevos.

> Como con cualquier otro don de la gracia, los derechos de filiación no se ganan. No se conceden. Vienen como un derecho de nacimiento.

CAPÍTULO 20

CAMINE CON SUS DERECHOS DE HIJO E HIJA

Soy muy consciente de que no todo el mundo tuvo la bendición que yo de nacer en un hogar con dos padres estupendos que me querían y cuidaban de mí. Pero sea cual sea su situación, no se ganó, mereció ni merece su lugar en la mesa. Mis amigos que fueron adoptados tampoco se ganaron su lugar en la mesa en sus hogares adoptivos. Sus derechos de filiación no se basaban en lo que hacían, lo listos que eran o el talento que tenían. No, esos derechos y privilegios llegaron simplemente en virtud de ser hijo o hija. Lo mismo ocurre con usted en lo que respecta a su posición con su Padre celestial.

Cuando usted vino a Dios a través de Jesús, Dios no solo puso un manto de la justicia de Jesús a su alrededor, y un anillo de la autoridad delegada de Jesús en su dedo... ¡sino que también puso los zapatos de la filiación en sus pies! Los derechos que le corresponden como hijo de Dios son impresionantes. Pero son muy pocos los hijos de Dios que los ejercen plena o coherentemente.

¿Cuáles son esos derechos?

Bueno, ante todo, cada hijo o hija recibe el derecho de usar el apellido de su padre. Ah, en qué privilegio se convierte esto cuando el mismo Dios que dio origen al universo le hace su hijo y le da su nombre. Sin duda usted está familiarizado con 2 Crónicas 7:14, que comienza: "Si mi pueblo, que *lleva mi nombre...*" Y como el Padre y el Hijo son uno ... recibimos también el nombre de Jesús.

Esto es algo que los huérfanos anhelan. Ya no tenemos muchos orfanatos de verdad en este país, pero hubo un tiempo en que eran muy normales. Hoy en día hay tantas parejas y familias a las que les encantaría adoptar a un niño que las agencias buscan por todo el mundo para encontrarles uno, a un gran costo. Pero dondequiera que haya huérfanos mayores, encontrará niños que darían lo que fuera porque un padre bondadoso viniera y les dijera: "Ahora eres uno de los míos. Estás en mi familia y a partir de ahora llevarás mi nombre".

> Ah, en qué privilegio se convierte esto cuando el mismo Dios que dio origen al universo le hace su hijo y le da su nombre.

He aquí otro derecho que viene con esos zapatos. Los hijos e hijas tienen un *acceso* al padre del que los criados simplemente no disfrutan.

Cuando yo crecía, mi padre era propietario de una empresa de éxito. Empleaba a bastantes personas en relación con el tamaño de nuestra pequeña ciudad y poseía dos edificios de varios pisos en el corazón de la misma. En mi niñez, me encantaba subir a ver a mi padre en el trabajo. Recuerdo estar de pie frente a uno de esos edificios que me parecían tan enormes y, en la parte superior, ver mi apellido en letras grandes. MORRIS.

Me hacía sentir importante. ¡Ese era *mi* nombre! Por supuesto, yo no había tenido nada que ver con el motivo por el que esas letras en concreto estaban ahí. Fueron los años de duro trabajo, frugalidad, buena administración y sabiduría de mi padre —como hombre que Dios podría favorecer— los que pusieron ese nombre Morris en esas estructuras. Pero eso no impidió que el joven yo me sintiera como una gran cosa.

Cuando tuve edad suficiente para manejar y trabajar a tiempo parcial, me contrató como empleado. Y al irme a la universidad, seguía trabajando para él cuando volvía a casa en verano. Recuerdo vívidamente un incidente que ocurrió en el primer día en que regresé después de mi primer año en la universidad. Estaba sentado con otros chicos trabajadores, en una obra, recibiendo nuestras asignaciones de un supervisor relativamente nuevo. El hombre no me conocía ni tenía idea de quién era yo. Para él no era más que otro universitario despeinado que laboraba en un empleo de vacaciones.

Acababa de ponerse a trabajar cuando todos vimos llegar el auto de mi padre. El hombre frunció el ceño con suficiencia y dijo: "Ah, aquí viene el Gran Señor". Por favor, considere que en ese momento de mi vida era un chico sin salvación, sabelotodo y con todo un año de universidad a mis espaldas. Así que decidí divertirme un poco con el tipo ese. Inocentemente le pregunté: "¿Quién es el Gran Señor?".

A lo que respondió con un tono de burla en la voz: "Es J. P. Morris. El dueño de la empresa, el que cree que dirige todo. Pero la verdad es que soy *yo* quien realmente dirige las cosas aquí". Sonreí y asentí justo cuando mi padre abrió la puerta del auto y dijo: "Hola a todos". Luego miró al señor supervisor y le dijo: "¿Va todo bien? ¿Necesita algo?". El hombre negó con la cabeza. Entonces mi padre me miró y me dijo: "Hola, hijo, bienvenido a casa. Ya que acabas de volver, ¿quieres comer hoy?". Sonreí y dije: "¡Claro, papá!".

¿Ha visto, alguna vez, cómo se le va todo el color de la cara a una persona? Eso pasó ese día. Disfruté mucho ese momento. Pero recuerdo que pensé: *Puede que usted lo llame Gran Señor, pero yo lo llamo papá.* Eso es cierto en lo que respecta al Dios del universo. Otros pueden llamarlo Dios, Deidad Suprema, Todopoderoso, Providencia, Creador del cielo y de la tierra, y todos estos títulos-nombres son apropiados. Sin embargo, usted y yo hemos sido invitados a llamarle Padre, Papá, Papi:

Porque el Espíritu que Dios les ha dado no los esclaviza ni les hace tener miedo. Por el contrario, el Espíritu nos convierte en hijos de Dios y nos permite llamar a Dios: "¡Papá!". El

Espíritu de Dios se une a nuestro espíritu, y nos asegura que somos hijos de Dios (Romanos 8:15-16 TLA)

Recuerdo otra ocasión unos años más tarde. Hacía poco que me había casado con Debbie y había vuelto a trabajar para mi padre. Me había metido en algún lío, lo que no era raro por aquel entonces, y necesitaba su ayuda. Así que manejé hasta su edificio, me dirigí a su despacho, pasé junto al puñado de personas que esperaban ante el asistente de papá para reunirse con él y entré directamente en su oficina.

Nadie más en ese edificio podía hacer eso. Pero yo sí. ¿Por qué? ¿Qué me daba ese acceso confiado?

La filiación.

Una vez dentro, le dije: "Papá, tengo un problema".

De inmediato, mi padre sacó la cabeza de su despacho y le dijo a su asistente: "Retenga mis llamadas y suspenda las citas un momento, por favor. Mi hijo está aquí".

Así es nuestra realidad espiritual. Claro, tanto los hijos como los siervos trabajan y son productivos en la "empresa". Pero solo los hijos y las hijas gozan del derecho de libre acceso al padre.

Pues por medio de él [Jesús] tenemos acceso al Padre por un mismo Espíritu (Efesios 2:18, lo agregado es mío).

En él [Jesús], mediante la fe, disfrutamos de libertad y confianza para acercarnos a Dios (Efesios 3:12, lo agregado es mío).

Acerquémonos, pues, confiadamente al trono de la gracia, para alcanzar misericordia y hallar gracia para el oportuno socorro (Hebreos 4:16 RVR1960).

Así que, hermanos, mediante la sangre de Jesús, tenemos confianza para entrar en el Lugar Santísimo por el camino nuevo y vivo que él nos ha abierto a través de la cortina, lo cual hizo por medio de su cuerpo. También tenemos un gran sacerdote al frente de la casa de Dios. Acerquémonos, pues, a Dios con corazón sincero y con la plena seguridad que da la fe... (Hebreos 10:19-22a).

La mayoría de los días, para los extraños, yo podría haber parecido como cualquier otro empleado de J. P. Morris. Pero yo tenía algo que solo tienen los hijos e hijas. El acceso. Es uno de los derechos que vienen con el regalo de esos zapatos.

Hay muchos otros. Al igual que el símbolo del anillo, el don de los zapatos de la filiación confiere el derecho a la autoridad y al poder. Como vimos en el capítulo anterior, una parte clave de ese anillo de autoridad que recibimos cuando nos acercamos al Padre a través del Hijo es el poder delegado para "pisotear serpientes y escorpiones y vencer todo el poder del enemigo" (Lucas 10:19). Bien, ¿con qué parte de su cuerpo "pisotea" las cosas? Con sus pies.

Una de las escrituras del Antiguo Testamento que más se repite y a la que más se hace referencia en el Nuevo Testamento es el Salmo 110:1. Es un salmo de David, pero él está oyendo proféticamente, a Dios, decirle a Jesús: "Siéntate a mi derecha, hasta que ponga a tus enemigos por debajo de tus pie". El escritor de Hebreos hizo referencia a este versículo cuando escribió:

> Al igual que el símbolo del anillo, el don de los zapatos de la filiación confiere el derecho a la autoridad y al poder.

Pero este sacerdote [Jesús], después de ofrecer por los pecados un solo sacrificio para siempre, se sentó a la derecha de Dios en espera de que sus enemigos sean puestos por estrado de sus pies (Hebreos 10:12-13, lo agregado es mío).

Quiero preguntarle lo siguiente. ¿Quiénes son las manos y los pies de Jesús en este mundo? ¿Quiénes constituyen su cuerpo? Usted y yo, ¡por supuesto! La Iglesia es el cuerpo de Cristo. Debemos caminar con autoridad sobre los enemigos de Jesús —poniéndolos bajo nuestros pies— hasta el punto de que, en cierto sentido, se conviertan en el estrado de sus pies. Pero tenga en cuenta que nuestros enemigos no son personas. Dios ama tanto a las personas que, cuando aún éramos pecadores, Cristo murió por nosotros (ver Romanos 5:8). No, Pablo deja muy claro quiénes son nuestros enemigos (y los de Jesús):

> Porque nuestra lucha no es contra seres humanos, sino contra poderes, contra autoridades, contra potestades que dominan este mundo de tinieblas, contra fuerzas espirituales malignas en las regiones celestiales (Efesios 6:12).

Sí, los zapatos representan nuestro derecho familiar a la autoridad y la victoria. Pero los zapatos también confieren el poder de compartir el evangelio y ampliar así la familia de Dios en la tierra. Los zapatos se mencionan como "la preparación del evangelio de la paz" en la lista que hace Pablo de "toda la armadura de Dios" en Efesios 6:11, 15. Y Jesús dijo a sus discípulos que recibirían un poder sobrenatural para ser sus testigos después de que el Espíritu Santo cayera sobre ellos (ver Hechos 1:8-9).

Los zapatos también simbolizan el derecho a la libertad. Vemos esto en el capítulo 28 de 2 Crónicas. Allí, un grupo de personas del reino del sur —Judá— había sido llevado cautivo por los del reino del norte, Israel. Lo primero que hicieron los captores fue quitarles el calzado a sus cautivos. ¿Por qué, en términos prácticos, les quitarían los zapatos a sus prisioneros? Porque sin zapatos no podrían huir. Pero pronto apareció un profeta y les dijo a los que se habían llevado a los prisioneros que si no los liberaban, el juicio de Dios caería sobre ellos. En respuesta, les devolvieron los zapatos a los cautivos y los liberaron. ¡Los zapatos también significan libertad!

Los zapatos de la filiación que usted recibió también representan la libertad del cautiverio y de la esclavitud. "Cristo nos liberó para que vivamos en libertad" (Gálatas 5:1a). A lo largo de más de cuatro décadas en el ministerio, he visto que hay básicamente dos áreas en las que los hijos e hijas de Dios terminan en cautiverio o esclavitud. Son dos áreas en las que los creyentes renuncian innecesariamente a la libertad que implica el calzado de la filiación.

> Los zapatos también simbolizan el derecho a la libertad.

En primer lugar, algunos vuelven a caer en la esclavitud del pecado. Los actos injustos ocasionales se convierten en hábitos. Los hábitos se convierten progresivamente en fortalezas. En algún momento, los hijos de Dios —nacidos de nuevo— pueden encontrarse en una especie de prisión demoníaca en una o más áreas de sus vidas. Esto no significa que no vayan a ir al cielo. Pero sí que no están viviendo en la libertad por la que Jesús murió para dársela a ellos. No están caminando con los zapatos de la filiación. En palabras de Pablo —en el capítulo 6 de Romanos—, se han sometido como "esclavos del pecado" en vez de "esclavos de la justicia" (vv. 17-18).

Hay una segunda área en la que podemos renunciar a nuestra libertad. Muchos vuelven espontáneamente a la servidumbre de la ley. Como exploramos en el capítulo titulado "Un marido mejor", piensan y viven como si todavía estuvieran en un matrimonio con ese antiguo marido puntilloso, perfeccionista, buscador de faltas y dispensador de condenación, en lugar de un matrimonio con Jesús que los envolvió en un manto de su propia justicia como un regalo inmerecido, no ganado, arbitrario. Pablo escribió todo el libro de Gálatas a personas que estaban en el proceso de hacer eso. Es allí, justo después de declarar que "nos libertó para que vivamos en libertad", que Pablo suplica:

> Manténganse firmes y no se sometan nuevamente al *yugo de la esclavitud* (Gálatas 5:1b, énfasis añadido).

Fíjense en la frase *manténganse firmes*, la cual deja ver que pueden claudicar. Es posible que algunos gradualmente —poco a poco, paso a paso— se vayan de la casa del Padre y hagan de las barracas —donde viven los sirvientes— su residencia principal.

En el capítulo anterior de Gálatas, Pablo expone este caso utilizando a los dos hijos de Abraham como metáfora de la vida bajo la ley de la antigua alianza en vez de bajo la gracia del nuevo pacto. Quizá recuerde que después de impacientarse y frustrarse esperando que Dios cumpliera su promesa de darles a Abraham y a Sara un hijo en su vejez, la pareja decidió que "ayudarían a Dios" por medio de sus propios esfuerzos naturales. Su idea fue hacer que Abraham engendrara un hijo a través de Agar, la sirvienta de Sara. Así nació Ismael. Más tarde, Sara concibió milagrosamente con Abraham, lo que produjo a su hijo Isaac. Dos hijos con dos madres diferentes. Uno nació de una esclava a través del esfuerzo y la habilidad naturales. El otro nació de una mujer libre a través del poder de Dios y la fe en su promesa. Ahora observe cómo utiliza Pablo esos acontecimientos para describir dos formas de vivir:

> Es posible que algunos gradualmente —poco a poco, paso a paso— se vayan de la casa del Padre y hagan de las barracas —donde viven los sirvientes— su residencia principal.

Decidme, los que queréis estar bajo la ley: ¿no habéis oído la ley? Porque está escrito que Abraham tuvo dos hijos; uno de la esclava, el otro de la libre. Pero el de la esclava nació según la carne; mas el de la libre, por la promesa. Lo cual es una alegoría, pues *estas mujeres son dos pactos*; el uno proviene del monte Sinaí, el cual da hijos para esclavitud; este es Agar. Porque Agar es el monte Sinaí en Arabia, y corresponde a la Jerusalén actual, pues esta, junto con sus hijos, está en esclavitud. Mas la Jerusalén de arriba, la cual *es madre de todos nosotros*, es libre (Gálatas 4:21-26 RVR, énfasis añadido).

Ahora imagínese a Pablo diciéndole a un judío del primer siglo que la ley de Moisés está representada por Agar e Ismael, ¡no por Sara e Isaac! Quizá eso arroje algo de luz sobre por qué Pablo estuvo a punto de morir azotado en numerosas ocasiones tras predicar en las sinagogas. Aquí Pablo está diciéndole a la gente que está siendo persuadida a seguir trozos de la ley, como la circuncisión, que han olvidado quién es su madre. No somos hijos de la mujer esclava. Somos hijos de la mujer libre. Insisto, Cristo nos liberó para que seamos libres. Libres de la esclavitud al pecado. Libres de la esclavitud a la ley. Libres de la opresión. Libres de la condena. Libres de la vergüenza. Este es el don de la filiación. Esos zapatos son muy significativos, ¿le parece? De hecho, el significado espiritual de los tres dones otorgados al pródigo en la parábola de Jesús tienen un enorme significado para usted y para mí en nuestra vida cotidiana.

Pero había otro hijo en esa parábola, ¿no es así? ¿Tiene algunas cosas importantes que enseñarnos? Será mejor que lo crea.

CAPÍTULO 21

HIJOS E HIJAS, NO SIERVOS

Cuando Jesús pronunciaba una parábola, cada una de esas palabras eran significativas. Nuestro Salvador nunca fue descuidado con sus palabras. No solo las elegía con intencionalidad, sino que venían por inspiración del Espíritu. Así que podemos suponer, con seguridad, que no hay detalles desechables en la parábola del hijo pródigo. Un gran detalle llega hacia el final de la historia. Allí aprendemos más sobre el hermano mayor. Ya en el capítulo 15 examinamos brevemente la reacción de ese hermano ante la misericordia, la bondad y el amor de su padre. Allí señalé que Jesús contó inicialmente la parábola en respuesta a las quejas y críticas de los fariseos en cuanto a la disposición de Jesús a relacionarse con "recaudadores de impuestos y pecadores".

Nuestra palabra castellana *parábola* se forja a partir de dos vocablos griegos. El primero es *para*, que significa "separado de, pero al lado o junto a". Así, un grupo *paramilitar* es un ejército que está separado del ejército oficial de la nación pero que puede luchar junto a él. Un ministerio *paraeclesiástico es* una organización cristiana que no es una iglesia, pero que trabaja junto a las iglesias en la realización de la obra del reino.

La mitad posterior de la palabra *parábola* tiene su origen en la expresión griega *bolee*, que significa "lanzar o arrojar". De hecho, en algunas culturas de habla griega, *bolee* llegó a utilizarse como una unidad de medida aproximada, que describía la distancia a la que el hombre promedio podía lanzar una piedra. Como en el ejemplo siguiente:

"Disculpe señor, estoy buscando la casa de Demetrio Konstapopadopolis. ¿Podría orientarme?"

"Claro, camine unas tres *boleas* en esa dirección, gire a la derecha donde está la cabra con una mancha negra en forma de pez en el costado, y la encontrará cuatro *boleas* más abajo a la izquierda".

Así que cuando combinamos *para* y *bolee* en *parábola*, obtenemos una palabra que significa "una historia que se lanza junto a una persona o personas para ilustrar una verdad". La verdad se coloca junto a un concepto erróneo o una mentira para que sea fácil ver el contraste, de la misma forma que colocar un palo recto junto a otro torcido hace evidente que el torcido no es recto.

En este caso, los escribas y fariseos se habían tragado la mentira torcida de que Dios buscaba rendimiento en lugar de relación, y que una parte clave de ese rendimiento implicaba rehuir a personas a las que Dios amaba y con las que quería volver a conectarse. Así que Jesús "lanzó" una historia sobre un padre con dos hijos y "la puso al lado" de esa mentira. Al hacerlo, expuso los supuestos de los escribas y fariseos como totalmente desalineados con el corazón, los valores y los planes de Dios.

Como ahora sabe, esos elitistas religiosos estaban representados por el hermano mayor de la parábola. Sospecho que también está empezando a comprender que los creyentes nos enfrentamos a una constante atracción para convertirnos también en ese hermano mayor. Ese hermano era un hijo verdadero y amado, pero vivía y pensaba como un criado. Su mentalidad le decía que debía ganar y merecer, en lugar de sentirse agraciado con la filiación. Lo mismo ocurre con innumerables creyentes.

> Es posible recibir el manto de la justicia, el anillo de la autoridad y los zapatos de la filiación, y volver a vivir como un siervo.

Es posible recibir el manto de la justicia, el anillo de la autoridad y los zapatos de la filiación, y volver a vivir como un siervo. Y los siervos viven con miedo. Precisamente por eso Pablo *vuelve a* utilizar la palabra en el versículo siguiente:

> Pues no habéis recibido el espíritu de esclavitud para *estar otra vez en temor*, sino que habéis recibido el espíritu de adopción, por el cual clamamos: ¡Abba, Padre! El Espíritu mismo da testimonio a nuestro espíritu, de que somos hijos de Dios (Romanos 8:15-16, énfasis añadido).

¿Por qué "otra vez"? Porque en un tiempo vivíamos en la esclavitud del miedo y la vergüenza mientras estábamos casados con la ley y éramos esclavos del pecado. Pero todo eso cambió cuando morimos a la ley y nos casamos con Cristo. Morimos y *renacimos*. Y todo nuevo bebé aprende rápidamente a reconocer el rostro de su padre (*abba*). Volver a vivir a la antigua manera, en cualquier sentido, sería recibir de nuevo un espíritu de esclavitud, que nos llevaría a una vida llena de miedo.

Llegamos a Jesús como el pródigo de la historia, pero es posible *vivir* en Jesús como el hermano mayor. Qué tragedia es esa. Como escribe el profesor sudafricano John Sheasby en su libro *The Birthright: Out of the Servant's Quarters into the Father's House*:

> Es impresionante imaginar cuánto perdió el hermano mayor como resultado de su mentalidad de siervo. Piense en todas las veces que podría haber escogido un ternero del rebaño de su papá y haber hecho que los criados prepararan un banquete para él y sus amigos. Piense en la alegría que podría haber experimentado acercándose a su papi, trabajando con él, hablando con él, comiendo con él. Medite en el amor, el favor, la generosidad que podría haber disfrutado.
>
> Todos estos eran derechos del hijo por nacimiento.[5]

El hermano mayor se perdió todas las alegrías de la filiación, a pesar de que era —en todos los sentidos imaginables— hijo. Lo mismo es posible para usted y para mí. Podemos ser hijos e hijas y, sin embargo, pensar y vivir como siervos. Recuerde que los hijos también trabajan en la hacienda familiar. No es que se pasen el día en una hamaca bebiendo limonada. Se ocupan de los asuntos de su padre. Pero gozan de acceso, autoridad y bendiciones que los siervos no tienen. Comen en la mesa del padre. Viven en la casa del padre. En otras palabras, *sirven*, pero no son *siervos*.

He aquí otra cosa que Jesús nos muestra sobre la mentalidad de siervo. El hermano mayor estaba profundamente resentido por la forma en que el padre le devolvió todas las bendiciones de la filiación a su hermano descarriado. Cuando supo la noticia del regreso de su hermano y de los planes del padre para la celebración, Jesús dice:

> "Entonces se enojó, y no quería entrar. Salió por tanto su padre, y le rogaba que entrase. Mas él, respondiendo, dijo al padre: He aquí, tantos años *te sirvo, no habiéndote desobedecido jamás*, y nunca me has dado ni un cabrito para gozarme con mis amigos. Pero cuando vino este tu hijo, que ha consumido tus bienes con rameras, has hecho matar para él el becerro gordo" (Lucas 15:28-30, énfasis añadido).

Observe que este hermano define su situación con su padre en base a su actuación y no a su relación. Dice: "tantos años te sirvo" y "no habiéndote desobedecido jamás". Aparentemente, aquí tenemos un milagro. Hemos encontrado al primer niño perfecto de la historia. Estoy bromeando, pero esto también es un peligro para nosotros. En el momento en que empezamos a definirnos a nosotros mismos —nuestra vida en Dios— en términos de lo que hacemos y dejamos de hacer, hemos perdido el rumbo. No es que nuestras acciones sean irrelevantes. No es que nuestros errores no nos dañen a nosotros mismos y a los demás. Es que nuestra posición ante el

Padre no se basa en *nuestra* justicia. Está construida sobre la justicia de Jesús y en el hecho de que, a través de él, hemos "nacido de Dios" (1 Juan 5:4). No somos suyos a causa de nuestro *servicio*. Somos suyos porque somos su *semilla*. En el momento en que olvidamos eso... en el instante en que definimos nuestra conexión y nuestros derechos en términos de lo bien que nos portamos y lo mucho que servimos... el siguiente paso inevitable es empezar a resentir de nuestros hermanos que viven como si fueran libres.

Hay otra expresión que describe acertadamente las posturas y creencias equivocadas tanto del pródigo como de su hermano mayor: *espíritu de orfandad*. Es un término que muchos maestros y escritores cristianos perspicaces han utilizado a lo largo de los años para describir la falta de comprensión de la filiación adoptiva de todo creyente con el Padre. Ya examinamos el pasaje del capítulo 8 de Romanos en el que Pablo habla del "espíritu de adopción" (v. 15) que Dios nos da en el momento en que nacemos de nuevo. Uno que, si tenemos corazón para oír, clama: "¡Abba!" (papá, querido papá) al Dios del universo. Pero a muchos creyentes, y yo fui uno de ellos, se nos enseñó esencialmente desde el momento en que nacimos de nuevo a ignorar ese clamor del corazón. Para utilizar una metáfora diferente, todos nacemos de nuevo en el Árbol de la vida pero, casi inmediatamente, personas bienintencionadas nos tomaron de la mano y nos llevaron al Árbol del conocimiento del bien y del mal. Allí, nos enseñaron a leer la Biblia como un libro de reglas en vez de como una revelación viva y activa del corazón paternal de Dios.

El huérfano vive inseguro respecto a su posición en la casa, por ello trabaja y se esfuerza constantemente para ganarse un lugar en

> No es que nuestros errores no nos dañen a nosotros mismos y a los demás. Es que nuestra posición ante el Padre no se basa en *nuestra* justicia.

la mesa. El huérfano vive atemorizado y atormentado sin cesar por su sensación de desconexión y falta de relación con el padre. El espíritu huérfano representa a Adán y a Eva, acobardados en las sombras por la vergüenza y el temor, aun cuando un Creador amoroso los busca.

Dudley Hall, en su excelente libro *Orphans No More: Learning to Live Loved*, escribe:

> La mayor invitación jamás ofrecida viene del Padre a los huérfanos hijos de Adán. A través de la vida, muerte, resurrección y ascensión de Jesús el Hijo, podemos ser restaurados al diseño original... Desde la cruz él pronunció el grito angustiado del huérfano: "Dios mío... ¿por qué me has abandonado?". Se convirtió en huérfano para que pudiéramos transformarnos en hijos de Dios. Ahora ya no tenemos que esforzarnos para volver al Padre. No hay precio que pagar ni normas que cumplir para calificar. Somos declarados "hijos de Dios" nada menos que por el propio Padre.[6]

> El huérfano vive inseguro respecto a su posición en la casa, por ello trabaja y se esfuerza constantemente para ganarse su lugar en la mesa.

¿Es posible que hayamos estado tan obsesionados con no convertirnos en el pródigo —rebelde, pecador y descontrolado— que nos hayamos permitido convertirnos en el hermano mayor? Sospecho que muchos han hecho eso. Sin alegría. Solitarios. Orgullosos. Comparándonos obsesivamente con los demás para ver si nos va mejor que a ellos. Y agotados por el esfuerzo constante por ganar y merecer como siervos cuando todo nos pertenece ya como hijos.

Recuerde que en la parábola de Jesús, el padre repartió toda su hacienda entre *los dos* hermanos (ver Lucas 15:12). Desde el momento en que el hermano menor se fue a hacer sus propias cosas, fuera del amparo de la cubierta protectora del padre, el resto de la hacienda pertenecía legalmente al hermano mayor. Eso significa que mintió cuando le dijo airadamente a su padre:

> "¡Fíjate cuántos años te he servido sin desobedecer jamás tus órdenes y *ni un cabrito me has dado* para celebrar una fiesta con mis amigos!" (Lucas 15:29, énfasis añadido).

El joven resentido podría haber agarrado una cabra o un ternero o cualquier otro bien de la hacienda y utilizarlo de la forma que quisiera en cualquier momento. Asimílelo por un momento. Está acusando a su padre de no ser generoso, ¡cuando el padre ya se lo había dado todo! En el momento en que el padre dividió su patrimonio entre sus dos hijos, el hijo mayor era legalmente copropietario con el padre. Entonces, ¿por qué se sentía tan miserable, decepcionado, frustrado y resentido? Porque legalmente era hijo, pero tenía la mentalidad de un siervo.

Pensaba en su padre como un soberano y en sí mismo como un vasallo que trabajaba arduamente esperando ser recompensado con algún reconocimiento y algunas migajas de la mesa del dueño. Cuando siempre le pertenecieron un lugar en la mesa y el acceso a todo lo que había en ella.

Sin embargo, no se apresure a juzgarlo con dureza. ¿Cuántas veces hemos hecho precisamente lo mismo con el Dios que nos buscó, nos eligió, nos adoptó y nos hizo suyos? ¿Con qué frecuencia le hemos tratado como a un severo soberano y no como a un padre amoroso? ¿Con qué asiduidad nos hemos esforzado, sacrificado, empeñado y dedicado a trabajar tratando de ganarnos algo que ya era legalmente nuestro? ¿Con qué frecuencia le hemos reprochado en voz baja —desde lo más profundo de nuestro corazón— a Dios que nos niegue cosas buenas?

Examinemos la respuesta del padre paciente al arrebato de ira de su hijo. Hay oro en ella para usted:

"Hijo mío —le dijo su padre—, tú siempre estás conmigo y todo lo que tengo es tuyo. Pero teníamos que hacer fiesta y alegrarnos, porque este hermano tuyo estaba muerto, pero ahora ha vuelto a la vida; se había perdido, pero ya lo hemos encontrado" (Lucas 15:31-32).

Jesús pone aquí, en boca del padre, tres puntos extraordinarios. Insisto, Jesús sabía de lo que hablaba. Cada palabra de esta parábola está llena de significado. Primero el padre dice: "Hijo, tú siempre estás conmigo".

Hijo ... La palabra griega utilizada aquí es *teknon*. En muchos otros lugares del Nuevo Testamento se utiliza una palabra griega diferente para "hijo", *huios*. *Huios* es un vocablo específico de género que significa descendiente varón, ya sea joven o adulto. Pero *teknon no especifica género*. Se refiere a un hijo —varón o hembra— que depende de un progenitor. Connota a un niño que es profundamente querido.

Puede que, de vez en cuando, pensemos que estamos descalificados como hijos del Padre. Que hemos hecho demasiadas cosas malas o que hemos fallado demasiado en cuanto a las alegrías y los privilegios de la filiación. Que la condición de siervos es lo que merecemos y es lo mejor a lo que podemos aspirar. Pero Dios nunca piensa eso. El pródigo que regresó pensó que había perdido sus derechos y bendiciones de hijo pero, en el momento en que volvió, el padre hizo todo lo posible para demostrar que eso no era cierto. Y aquí, al hermano resentido —con mentalidad de jornalero— se le recuerda al instante la verdad con una sola palabra. *Hijo.*

Lo que sigue a esa afectuosa reafirmación de identidad es un recordatorio de la mayor de todas las bendiciones filiales. Este padre paciente y bondadoso tuvo que señalarle a ese hijo testarudo que poseía un tesoro mucho más valioso que un ternero, o incluso que todo el ganado y la tierra de la hacienda. ¡Y que había tenido ese tesoro todo el tiempo! El padre le dijo: "Siempre estás *conmigo*".

Como hijo, no como siervo, tenía el privilegio de un acceso sin restricciones al padre. La sabiduría y el consejo de su progenitor siempre estaban a su disposición. Pero lo más importante es que, a diferencia de todos los sirvientes del rancho, él podía simplemente disfrutar de estar *con* su maravilloso padre. Comer con él. Sentarse junto al fuego con él y mirar maravillado las estrellas en una noche hermosa. Trabajar a su lado, aprendiendo cómo y por qué hacía las cosas de determinada manera. Gozaba de un privilegio por el que todos los empleados del padre habrían dado lo que fuera por disfrutar. Pero este joven, en cambio, lo había dado por hecho o, peor aún, había menospreciado ese privilegio porque tenía la mentalidad de un asalariado.

¿Y qué pasa con usted? Si ha nacido de Dios mediante el milagro del nuevo nacimiento, usted es un *teknon,* hijo predilecto de un Padre bondadoso y generoso. Y el primer mensaje para usted en la respuesta del Padre es: "Hijo, tú siempre estás conmigo". Con la misma audacia que mostré en mi adolescencia —cuando irrumpí en la oficina de negocios de mi padre sin cita previa—, el camino hacia la presencia del Padre siempre está abierto de par en par para usted. Jesús es ese "camino". Es más, Hebreos 10:20 lo llama el "camino nuevo y vivo" hacia la presencia más íntima del Padre. Mire ese pasaje en su contexto en la versión de la Biblia La Pasión:

> Si usted ha nacido de Dios mediante el milagro del nuevo nacimiento, es un *teknon,* hijo predilecto de un Padre bondadoso y generoso.

Ahora somos hermanos y hermanas *en la familia de Dios gracias a* la sangre de Jesús, y él nos da la bienvenida para que entremos en el Lugar Santísimo del reino celestial, con *valentía y sin vacilar.* Porque nos ha dedicado un camino nuevo y vivificante para acercarnos a Dios. Porque al igual que el velo se rasgó en dos, el cuerpo de Jesús se abrió para darnos un acceso libre y nuevo a él.

Y como ahora tenemos un magnífico Sumo Sacerdote que nos da la bienvenida a la casa de Dios, nos acercamos más a Dios y *nos acercamos a él con el corazón abierto, plenamente convencidos de que nada nos separará de él.* Porque nuestros corazones han sido rociados con sangre para quitar la impureza, y hemos sido liberados de una conciencia acusadora. Ahora estamos limpios, sin mancha y presentables ante Dios por dentro y por fuera (Hebreos 10:19-22, énfasis añadido, traducción libre).

Esto es: Gracia, punto.

Es la magnífica gracia de Dios desplegada a través de la obra completa y acabada de su Hijo unigénito, Jesús. El primer y mayor regalo inmerecido, no ganado y arbitrario que recibimos como hijos e hijas es esta limpieza completa que —si la entendemos, la creemos y la arraigamos en nuestra identidad— nos da la confianza para correr hacia nuestro Padre "con valentía y sin vacilar". Para simplemente estar *con* él a lo largo de nuestros días. Para estar en comunión con él. Para aprender sus caminos. Para descubrir las inagotables maravillas de su corazón. Pero hay más. Jesús hace que el padre de su parábola cite una segunda bendición filial: "Todo lo que tengo es tuyo".

Insisto, el padre de la parábola —contrariamente a toda convención y tradición— dividió voluntariamente su patrimonio entre sus dos hijos mientras aún vivía. Cuando dijo: "Todo lo que tengo es tuyo", estaba afirmando un hecho legal. Tal vez recuerde cómo, en uno de los capítulos anteriores de este libro, exploramos la diferencia entre un pacto entre soberano y vasallo y un pacto de paridad, siendo este último un acuerdo sagrado entre dos pares o iguales. Observamos que el pacto mosaico seguía el modelo de ese primer tipo, pero que el nuevo pacto se basa en un acuerdo paritario entre Dios Padre y Dios Hijo, que voluntariamente se convirtió en uno de nosotros para poder servirnos de apoderado, o sustituto, en ese acuerdo.

Además, vimos que en un pacto de paridad, cada parte promete a la otra el acceso a todos sus recursos. Otra forma de decir esto sería exactamente lo que afirmó el padre de la parábola: "Todo lo que tengo es tuyo". Debido a que el milagroso nuevo nacimiento nos coloca legal y espiritualmente en Cristo, lo que Dios Padre le dice a su socio del pacto, también nos lo está diciendo a nosotros.

Este es el fundamento legal y espiritual de las impresionantes declaraciones del Evangelio de Juan que Jesús les dice a todos los que le siguen:

> Cualquier cosa que ustedes pidan en mi nombre, yo la haré; así será glorificado el Padre en el Hijo (Juan 14:13).
>
> Si permanecen en mí y mis palabras permanecen en ustedes, pidan lo que quieran y se les concederá (Juan 15:7).
>
> Todo cuanto tiene el Padre es mío. Por eso les dije que el Espíritu tomará de lo mío y se lo dará a conocer a ustedes (Juan 16:15).

Una de las características más destacadas y definitorias de nuestro Padre celestial es su generosidad. Toda la Escritura da testimonio de ello. Por supuesto, los hijos se parecen naturalmente a sus padres. Por eso señalo con frecuencia que nunca nos parecemos más a nuestro Padre que cuando somos generosos. Viva en la presencia de Dios como un verdadero hijo o hija durante un tiempo y descubrirá esto. Y una vez que lo descubra, se encontrará libre para ser generoso también.

Los individuos con mentalidad de asalariado —personas como el hijo mayor de la parábola de Jesús— nunca se sienten libres para ser generosos porque tienen una mentalidad de escasez. Nunca saben si han ganado suficientes créditos celestiales para satisfacer sus necesidades. No ven a Dios como un Padre que los ha mirado y ha declarado: "Todo lo que tengo es tuyo".

Kris Vallaton, de la congregación Bethel Church, en Redding, California, cuenta una historia impresionante sobre la acogida de un niño, Eddie, que había vivido toda su existencia al cuidado de una madre drogadicta.[7] El chico prácticamente se había criado solo. Cosas básicas, como la comida y la electricidad, siempre habían sido esporádicas e impredecibles. Cuando Kris y su esposa obtuvieron la custodia de Eddie, enseguida notaron algo a la hora de comer. Aunque la mesa estuviera invariablemente repleta de alimentos, el niño vigilaba los platos como si fuera un halcón. Cuando uno de esos platos llegaba a la mitad de su capacidad, los rellenaba rápidamente. Cuando pensaba que nadie lo veía, escondía la comida en su servilleta y se la llevaba a su dormitorio. La vida de orfandad había marcado la joven alma del niño con una mentalidad de escasez.

> Una de las características más destacadas y definitorias de nuestro Padre celestial es su generosidad.

Con el tiempo, Eddie llegó a comprender que siempre había comida de sobra. Que incluso si la mesa estaba casi vacía, había más alimentos. Aprendió que había almacenes de comida y acceso a alimentos que ni siquiera podía imaginar. Solo entonces empezó a serenarse y a dejar de acaparar. Solo entonces pudo liberarse de la prisión en la que lo mantenía su mentalidad de escasez y su comportamiento.

Lo mismo ocurre con todos los antiguos huérfanos como usted y yo. Podemos llevar una mentalidad de escasez a nuestro nuevo hogar adoptivo. Sin embargo, la verdad en cuanto a tener un lugar eterno en la mesa del banquete celestial de Dios es que todo lo que pudiéramos necesitar para la vida y la piedad —es decir, necesidades físicas y espirituales— ya ha sido plena e infinitamente suplido porque estamos en Jesús (ver 2 Pedro 1:3). Pero, si seguimos cargando con la identidad de huérfano, sirviente, vasallo o hermano mayor, sentiremos más el impulso de acaparar que el de dar. Veremos erróneamente a nuestro Padre como un personaje duro y tacaño. Y así, en vez de sostener todo lo que Dios nos ha dado con la mano abierta —es decir, para dar—, también seremos tacaños.

En su devocional titulado *Praying Grace*, mi amigo David Holland incluyó la siguiente oración de arrepentimiento al final de uno de los devocionales.

> Padre maravilloso, perdóname por cualquier vez que me haya acercado a ti como si fueras algo menos que espléndidamente generoso. O si alguna vez mi corazón ha parecido cuestionar tu bondad. El hecho de regalarnos a Jesús proclama tu amor y tu compasión por mí. ¡Qué clase de regalo! Y cuando veo lo que él sufrió en mi lugar, tu gracia me asombra.
>
> No menospreciaré tu magnífico amor acudiendo a ti como un mendigo, o como si necesitara encontrar alguna forma de vencer tu renuencia a suplir mis necesidades y bendecirme. Tú eres generoso. Tú, querido Padre, no escatimaste a tu propio Hijo, sino que lo entregaste por mí. ¿Cómo no vas tú también, junto con él, a suplir generosamente todas mis necesidades?[8]

Para el hijo de Dios, la escasez es mentira. Sin embargo, muchos en el pueblo de Dios tienen una mentalidad de escasez. Creen que la provisión es escasa y por eso la acaparan. Creen que el amor es escaso, por lo que se vuelven necesitados, dependientes e inseguros. Creen que la relevancia es escasa, por lo que interiormente se resienten cuando uno de sus hermanos recibe reconocimiento o promoción o bendición. Lo que nos lleva al tercer punto de la respuesta del padre a su enfadado y resentido hijo mayor.

Recuerda que el padre dijo: "Era justo que nos alegráramos y nos divirtiéramos, porque tu hermano estaba muerto y ha vuelto a la vida, y se había perdido y ha sido encontrado". La mentalidad de asalariado le mantendrá comparándose constantemente con los demás. Viendo implacablemente a los hermanos que le rodean para ver quién parece tener más que usted. Eso, a menudo, se manifiesta como arrogancia, jactancia y orgullo, pero la raíz es la inseguridad del huérfano. Solo los que están seguros de su identidad como *teknons* amados son libres de celebrar los éxitos y las bendiciones de los demás. Solo los seguros sostendrán todo con la mano abierta. Solo los seguros pueden lavar los pies de los demás, tocar a los leprosos y dar abundantemente.

> Para el hijo de Dios, la escasez es mentira. Sin embargo, muchos en el pueblo de Dios tienen una mentalidad de escasez.

Uno de los cambios más impactantes y transformadores que usted puede hacer como creyente es conseguir que su mente y su corazón giren en torno a esta simple, pero poderosa verdad...

En Jesús, no somos siervos, aunque sirvamos alegremente. Somos hijos e hijas amados. Por eso el Padre nos dice hoy: "Tú siempre estás conmigo. Y todo lo que tengo es tuyo". Oh, qué maravilloso regalo es esto que llamamos gracia.

SÍ, ES GRACIA... PUNTO.

Al final de su evangelio, el apóstol Juan hizo la siguiente observación:

> Jesús hizo también muchas otras cosas, tantas que, si se escribiera cada una de ellas, pienso que los libros escritos no cabrían en el mundo entero (Juan 21:25).

Aquí, al final de nuestra exploración de la gracia de Dios, podría decir algo muy parecido. Sencillamente, no hay papel suficiente en el mundo para contener los libros que podrían escribirse develando las maravillas de la asombrosa gracia de Dios. Por supuesto, un Dios infinito exhibiría dimensiones infinitamente intrincadas de generosidad.

En las primeras páginas le advertí: "A veces, es probable que se sienta tentado a discutir con las palabras que lee. Puede que quiera gritar: "¡Es imposible que eso sea cierto! Suena demasiado bueno para ser verdad!". ¿Tenía razón? Tengo un amigo al que le gusta decir: "Si le estás explicando el evangelio a una persona perdida y su primera respuesta no es: 'Eso suena demasiado bueno para ser verdad', entonces se lo estás contando mal". Y sin embargo, si usted es como la mayoría de los creyentes, las verdades que he expuesto aquí hicieron sonar una campana en lo más profundo de su corazón. Algo dentro de usted dijo: "¡Sí! *Este* es el Dios que me salvó. *Este es el* camino de aquel que diseñó nuestro hermoso mundo y colgó millones de galaxias en su espacio y, sin embargo, se da por enterado de ello cuando unos sencillos pajarillos caen al suelo. *Esta es la verdad. Esta es la buena noticia*".

Sospecho que si ha llegado hasta aquí conmigo, muchas de sus preguntas han sido respondidas y muchas de sus objeciones iniciales han sido abordadas. Pero para concluir, quizá debería tratar lo que —según mi experiencia— es la objeción más común para aceptar plenamente todas las implicaciones del concepto de la gracia bíblica. Y créame, hay objeciones.

Algunos reaccionarán con alarma ante las verdades que he expuesto en estas páginas. Hablarán de "remos y navegación", de condiciones y "qué sé yo", y de "gracia grasienta". Tendrán buenas intenciones. Serán sinceros. Lo harán buenas personas que aman a nuestro Señor. Pero creo de todo corazón que están equivocados. Como ilustré en la sección de apertura "Empiece aquí" de este libro, muchas personas simplemente no saben cómo recibir un regalo. La verdad es que a algunos les parece imposible que Dios pueda ser *tan* generoso. O que su oferta de relación y conexión eternas pudiera requerir nada más que ser lo suficientemente humildes como para decir que sí. O que continuemos nuestras vidas en Dios de la misma manera que las comenzamos. Es decir, "por gracia … mediante la fe. Esto no procede de ustedes, sino que es el regalo de Dios y no por obras, para que nadie se jacte" (ver Efesios 2:8-9).

Para otros, sin embargo, es el miedo lo que les impide abrazar lo que ahora me parece tan obvio. "¿Miedo a *qué*?", se estará preguntando. La respuesta es miedo a *sí mismo*. Miedo a lo que podría empezar a hacer —o dejar de hacer— si realmente creyera que no tiene nada que aportar al mantenimiento de su salvación. Teme que, sin la necesidad de ganar, o merecer u obtener las bendiciones de la filiación, pueda descarrilar. Miedo a que esta vida requiera aferrarse con fuerza a los remos de las buenas obras y la buena conducta. Miedo a que si dejara de temer a su Padre, podría descontrolarse.

En cierto sentido, muchos creyentes tienen miedo a dejar de tener miedo.

Cuando ese es el caso, invariablemente también temen que otros creyentes dejen de tener miedo, sobre todo aquellos que les importan. Cuando uno ama sinceramente a alguien, quiere lo mejor para esa persona. Y si está convencido de que abrazar todas las implicaciones de la gracia tal y como las he expuesto aquí hará que los cristianos empiecen a vivir como paganos en vacaciones de primavera, no querrá que lo hagan.

Por eso muchos pastores bienintencionados se ponen nerviosos cuando alguien predica la palabra que empieza con "g" a sus congregaciones sin agregar cantidades de *pero, sin embargo, por otro lado y los dos remos* y otras cosas a las cuales renunciar para diluir las impresionantes implicaciones del nuevo pacto.

Andrew Owen es pastor de una asombrosa iglesia en Glasgow, Escocia. No solo es Destiny Church extremadamente grande para los estándares del Reino Unido, sino que Andrew supervisa más de mil cuatrocientas iglesias que su congregación ha plantado en todo el mundo. Andrew también es amigo de Gateway Church, la iglesia que fundé y que he tenido el privilegio de pastorear durante más de dos décadas. Lo recuerdo por una historia que cuenta en la introducción de su libro *Astronomical Grace: The Greatest Story Never Told*.[9]

Allí, el pastor Owen describe una ocasión en la que fue invitado a hablar ante una gran iglesia en cierto lugar de Inglaterra. Celebraban varios servicios seguidos el domingo por la mañana, en los que Andrew tenía programado predicar. ¿El tema de su mensaje previsto? "La gracia y la obra terminada de Jesucristo". En el primer servicio describió una invitación a la relación con Dios que no dependía de nuestros propios esfuerzos, nuestras propias obras ni de nuestra propia justicia. Una que, en cambio, se basaba absolutamente en el cumplimiento perfecto y completo por parte de Jesús de todo lo que exigía la ley. Al final del mensaje, docenas de personas entregaron sus vidas a Cristo y otros cientos, habiendo recibido una visión de la bondad y la amabilidad de Dios, se acercaron para orar.

Después del servicio, Andrew fue abordado por el pastor de la iglesia, el cual le dijo que no predicaría en los servicios restantes. El pastor y el equipo directivo le dijeron que estaban conmocionados por el contenido de su mensaje y que no permitirían que volviera a predicarlo en su congregación. Cuando preguntó por qué, la respuesta fue que era "demasiado peligroso".

¿Cuál era el peligro que percibían? Eso, a menudo, se formula de esta manera: El mensaje de la gracia se tomará como una licencia para pecar.

Conozco bien esa objeción. En el pasado, personas bienintencionadas me dijeron: "Robert, será mejor que no prediques demasiado sobre la gracia porque si lo haces, tu gente saldrá a pecar".

> En el pasado, personas bien intencionadas me dijeron: "Robert, será mejor que no prediques demasiado sobre la gracia porque si lo haces, tu gente saldrá a pecar".

Mi respuesta suele ser doble. En primer lugar, no son *mi* gente. Son la gente de Cristo, yo solo pastoreo y administro uno de los muchos rebaños del Buen Pastor. En segundo lugar, con la mayor amabilidad y tacto posibles, les digo: "No sabe de lo que está hablando. La gracia no produce pecado. La gracia produce justicia". Permítame explicarle.

Puede que se haya dado cuenta de que muchas verdades espirituales parecen ser una paradoja. Eso significa que son lo contrario de lo que nuestra mente natural espera que sea verdad. ¿Ejemplos?

- Jesús dijo que el camino para ser el más grande, en cualquier grupo, es ser servidor de todos (ver Mateo 23:11).
- Aquellos que deseen salvar su vida deben perderla (ver Juan 12:25).

- La fuerza sobrenatural procede del reconocimiento de nuestra debilidad (ver 2 Corintios 12:10).
- Hay quien acapara y sin embargo vive en escasez. Mientras que hay quien regala y, sin embargo, ¡vive en abundancia! (ver Proverbios 11:24).
- Solo entregando nuestra voluntad a Jesús encontramos la verdadera libertad (ver Juan 8:31-36).

Podría citar otros, pero sé que me entiende. De forma similar, la ley y la gracia también presentan una paradoja. Los que se someten a las estrictas limitaciones y duras penas de la ley solo consiguen pecar más. El pecado utiliza la ley para avivar el deseo de la carne de pecar más. (Así lo dice Romanos 7:7-8.) Pero los que entran en la libertad de la gracia viven cada vez más rectamente. Cuanto más se hunde en sus mentes la revelación de la gracia y se arraiga en sus identidades, más se alinean sus deseos, pensamientos, hábitos y acciones con lo que verdaderamente son en Jesús. Sin embargo, nuestras mentes naturales luchan por captar esto. Como tantas otras verdades espirituales, es totalmente contraintuitivo.

Entonces, ¿cómo funciona esto? ¿Cómo es que la santa ley no puede producir santidad y, sin embargo, la gracia sí? La dinámica espiritual de esto es evidente en nuestras Biblias.

En primer lugar, la ley se basa en el miedo mientras que la gracia se fundamenta en el amor. El amor hace lo que el miedo nunca puede hacer. Es la fuerza más enérgica para el cambio y la transformación en el universo.

Dios es amor (ver 1 Juan 4:8). El amor de Dios nos atrajo y nos salvó (ver 1 Juan 4:9-10, 19; Efesios 1:4-5). En el amor, Jesús nos lava a nosotros, su Novia, con el agua de la Palabra,

> El amor hace lo que el miedo nunca puede hacer. Es la fuerza más enérgica para el cambio y la transformación en el universo.

algo que se anima a los maridos a emular (ver Efesios 5:25-26). El amor expulsa el miedo, en particular el miedo al castigo (ver 1 Juan 4:18). "Decir la verdad *con amor*" (Efesios 4:15, énfasis añadido) es lo que hará que la iglesia madure y presente con exactitud una imagen plena y completa de Cristo al mundo.

Sin embargo, ¿qué pasa con la ley? La ley, como reflejo de la perfección y santidad de Dios, es en sí misma perfecta. Sin embargo, su poder en realidad, nos empuja en la otra dirección. La ley excita nuestros deseos carnales (ver Romanos 7:5-8). La ley ministra condenación (ver 2 Corintios 3:9). La ley ministra muerte (ver 2 Corintios 3:7). El trabajo asignado por Dios a la ley era aclarar que todos somos pecadores indefensos que necesitamos desesperadamente la gracia (ver Romanos 3:19-20). ¡Y es muy buena en su trabajo! Esta es solo la primera razón bíblica por la que la gracia, bien entendida, no crea una licencia para pecar. He aquí la segunda.

La conexión con Dios —su presencia— es la fuente más segura y elevada de transformación. Nada hace que los deseos, caminos y hábitos de su viejo y muerto ego se desvanezcan como el simple hecho de sentarse en la presencia de su Padre celestial. Dios tiene gloria y la gloria nos cambia:

> Así, todos nosotros, que con el rostro descubierto reflejamos como en un espejo la gloria del Señor, *somos transformados* a su semejanza con más y más gloria por la acción del Señor, que es el Espíritu (2 Corintios 3:18, énfasis añadido).

Sí, la comunión —comunión íntima y constante— con nuestro maravilloso Padre nos cambia. No puede evitar hacerlo. Así que pregúntese: ¿Qué le hace correr más hacia Dios y pasar más tiempo con él... la ley con su ministerio de condenación? ... ¿O la verdad sobre la gracia?

La buena nueva de la gracia —entender que usted nunca se acerca a Dios por su propia justicia sino por la justicia de Cristo— elimina toda vacilación que tenga para correr a los brazos de su Padre en cualquier momento. Cuando usted recibe una revelación de la gracia se acerca con alegría, expectación, valentía y confianza al Padre y disfruta de su tiempo con él. Allí, a la luz de su amor, se dará cuenta de las áreas de su pensar o su hacer que no están alineadas con quien realmente es en Cristo. Y allí, en sus manos paternales, será formado y moldeado. "Conformado a la imagen de su Hijo", como nos dice Romanos 8:29. Además, leemos en Filipenses 2:13: "Pues Dios es quien produce en ustedes tanto el querer como el hacer para que se cumpla su buena voluntad". Esta es la gracia operando en usted. Cuando usted permanece en esa gracia puede estar seguro de que "el que comenzó tan buena obra en ustedes la irá perfeccionando hasta el día de Cristo Jesús" (Filipenses 1:6).

Por el contrario, mientras usted tenga un pie en la ley, será invariablemente reacio a acercarse a él. Ah, claro, cuando sus circunstancias se vuelvan realmente desesperadas, se acercará, pero solo arrastrándose, lleno de condenación y sintiéndose totalmente descalificado. No esperará nada, así que probablemente saldrá sin nada. Y no se quedará mucho tiempo con él.

La conexión es el único camino hacia la transformación. Me refiero a la conexión con Dios a través de nuestro Salvador, Jesucristo. Usted no puede *obligarse* a ser un cristiano fructífero que vive con rectitud. Simplemente no hay suficiente fuerza de voluntad y autodisciplina en el mundo. Usar la fuerza de voluntad y la autodisciplina requiere que mantenga sus ojos enfocados en usted mismo. En su carne. En su comportamiento. Y adivine lo que la Palabra dice al respecto:

> La conexión es el único camino hacia la transformación.

Los que viven conforme a la carne fijan la mente en los deseos de la carne; en cambio, los que viven conforme al Espíritu fijan la mente en los deseos del Espíritu. *La mente gobernada por la carne es muerte*, mientras que la mente que proviene del Espíritu es vida y paz. La mente gobernada por la carne es enemiga de Dios, pues no se somete a la Ley de Dios ni es capaz de hacerlo. Los que viven según la carne no pueden agradar a Dios (Romanos 8:5-8, énfasis añadido).

Ser consciente del pecado producirá más pecado en usted. Ser consciente de la justicia producirá más comportamiento justo. Solo renovando su mente en cuanto a la verdad acerca de la gracia puede hacerlo consciente de la justicia.

¿A cuántos de nosotros nos enseñaron que debíamos tener un tiempo diario devocional con Dios? Enfocar este "debíamos" con mentalidad de siervo lo convertía en un deber que cumplir. Una tareas que debíamos marcar, en nuestra lista de quehaceres, para poder sentir que habíamos ganado algunos créditos con el Dios que estaba continuamente decepcionado de nosotros. Nos enseñaron que necesitábamos pasar tiempo con Dios aunque la mentalidad de siervo nos convenciera de que Dios estaba casi con toda seguridad enfadado con nosotros. ¿Qué ganas tiene usted de entrar en el despacho de su jefe cuando cree que ha metido la pata y que él está enfadado por ello? La mentalidad de siervo drena hasta la última gota de alegría que genera la comunión con Dios.

> Ser consciente del pecado producirá más pecado en usted. Ser consciente de la justicia producirá un comportamiento más justo.

Sin embargo, los que tienen la mentalidad de hijo o hija no ven la comunión con su Padre como una *obligación*. La ven como una *oportunidad*. Entienden el tipo de pacto que tienen (un pacto de paridad entre Dios Padre y Dios Hijo). Por lo tanto, ven la puerta del despacho de Dios abierta de par en par para ellos todo el tiempo. Prevén (correctamente) que su Padre está de buen humor y que estará encantado de verlos. ¿Por qué? Porque saben que su situación con él no se basa en su rendimiento. Se basa totalmente en la actuación perfecta de Jesús. Saben que están en Cristo y que él está en ellos. Acuden a él vestidos con un manto de justicia y llevan su anillo de autoridad, y lo saben. Sí, solo la verdad sobre la gracia promueve una conexión íntima, continua y vital con Dios. Y solo esa conexión puede hacer posible el tipo de transformación que produce una vida justa.

No podemos hablar de la transformación del creyente sin mencionar Romanos 12:2 (RVR1960). Es uno de los versículos sobre ese tema más conocidos y citados de la Biblia:

> No os conforméis a este siglo, sino *transformaos por medio de la renovación de vuestro entendimiento*, para que comprobéis cuál sea la buena voluntad de Dios, agradable y perfecta (énfasis añadido).

¿Cuántas veces ha leído o escuchado que "renovar su mente" produce la transformación que le impide "conformarse a este mundo"? ¡Eso es absolutamente cierto! Pero debe preguntarse: "¿Renovando mi mente a *qué* exactamente?". La respuesta es: ¡renovar su mente a lo que Pablo acaba de revelar en los once capítulos anteriores! Y como hemos visto repetidamente en estas páginas, esos primeros once capítulos de Romanos revelan a Pablo argumentando de forma detallada y elaborada que ya no estamos bajo la ley, sino bajo la gracia. Lo dice explícitamente en Romanos 6:14 (RVR1960): "Porque el pecado no se enseñoreará de vosotros, *pues no estáis bajo la ley, sino bajo la gracia*" (énfasis añadido). La renovación de su mente a esa realidad hará que usted sea transformado.

> Los que tienen la mentalidad de hijo o hija no ven la comunión con su Padre como una *obligación*. La ven como una *oportunidad*.

Pablo debió oír el argumento de la licencia para pecar cada vez que enseñaba la verdad sobre la maravillosa gracia de Dios. Por eso se anticipó a esa misma objeción y la respondió ¡justo en medio de la explicación de la gracia en Romanos!

> ¿Qué concluiremos? *¿Vamos a persistir en el pecado para que la gracia abunde?* ¡De ninguna manera! Nosotros, que hemos muerto al pecado, ¿cómo podemos seguir viviendo en él? ¿Acaso no saben ustedes que todos los que fuimos bautizados para unirnos con Cristo Jesús en realidad fuimos bautizados para participar en su muerte? (Romanos 6:1-3, énfasis añadido).

Este no es el único pasaje en el que Pablo se anticipó y trató con la objeción de la licencia para pecar. Parece que no hay nada nuevo, en cuanto al miedo, que hizo que aquellos pastores impidieran que Andrew Owen volviera a predicar sobre la gracia.

¿Quiere ser un creyente más fructífero? Entonces, insisto, la comunión libre y desinhibida con el Padre y la permanencia en el Hijo que produce en usted una revelación de la gracia es el camino que debe tomar. Recuerde, Jesús es la vid, y solo permaneciendo en él es posible dar fruto. "Separados de mí no pueden ustedes hacer nada", nos dijo Jesús (Juan 15:5).

¿Está empezando a ver eso? La vergüenza, la condenación, el sentirse descalificado y, en general, tener la mentalidad de siervo en lugar de la de hijo le aleja de la comunión íntima con el Padre. Le impide permanecer en la Vid. Y, como dije anteriormente, la *conexión* es el único camino hacia la transformación. Cuando usted vive en la comunión y la amistad íntima y diaria que el don filial hace posible, cambia su "querer". Progresiva e incrementalmente empieza a querer lo que quiere su Padre en vez de lo que quería la vieja versión muerta y enterrada de usted. No, la gracia no es una licencia para pecar. Es el único camino hacia un estilo de vida fructífero y cada vez más libre de pecado.

Ver a Jesús como Vid debería hacernos recordar al Árbol de la vida descrito en Génesis. Adán y Eva debían comer del Árbol de la vida. Lo sabemos porque Dios dijo: "Puedes comer de *todos los árboles* del jardín, pero del árbol del conocimiento del bien y del mal no deberás comer" (Génesis 2:16-17, énfasis añadido). También sabemos que nuestros antepasados comunes acabaron comiendo del *árbol equivocado*.

Esta es la cuestión. Muchos creyentes de hoy *viven* en el árbol equivocado. Los escribas y los fariseos conocían completamente las escrituras del Antiguo Testamento. Las estudiaban obsesivamente. Pero leían la Biblia en el árbol equivocado. La leían como un libro de reglas y no como una revelación del amor redentor de Dios por el mundo. Por eso no reconocieron al Mesías, el Redentor del mundo, cuando estuvo delante de ellos. En vez de reconocerlo, señalaron implacablemente todas las formas en que él y sus seguidores violaban las normas (tal y como ellos las entendían).

Nosotros también podemos leer la Biblia en el árbol equivocado. Y cuando lo hacemos, al igual que los escribas y los fariseos, no reconocemos lo que el Redentor ha hecho por nosotros y quiere hacer a través de nosotros. Luchamos y nos esforzamos por cambiar de fuera hacia dentro. Y fracasamos, una y otra y otra vez.

El "Árbol de la vida" es la presencia de Dios. La Caída dio lugar a una barrera que bloqueó nuestro acceso a él y a su vida. Pero por gracia, Jesús, al colgar de un árbol, abrió el camino de regreso a él. Cuando leemos nuestra Biblia a la luz de ese árbol, experimentamos la vida, la libertad y la alegría. Y cambiamos... de adentro a afuera.

> Muchos creyentes de hoy *viven* en el árbol equivocado.

Lea su Biblia a la luz del Árbol de la vida y descubrirá el mensaje de la gracia de Dios entretejido por todas partes. Está prácticamente en cada página, basta con que tenga ojos para verlo (¡y creo que ahora los tiene!). Está ahí en los primeros capítulos de Génesis, cuando un Dios amoroso acude en busca de una pareja que le ha desobedecido y con ello ha desatado una miseria incalculable sobre sus descendientes y el planeta que esos descendientes llamarán hogar. Está ahí:

> Lea su Biblia a la luz del Árbol de la vida y descubrirá el mensaje de la gracia de Dios entretejido por todas partes.

- Cuando él elaboró con ternura las vestiduras y los dones inmerecidos destinados a cubrir la desnudez y la vergüenza de usted.

- Cuando puso a Abraham a dormir mientras un sustituto —un intermediario— caminaba entre las mitades del animal sacrificado.

- En la repentina aparición de un carnero atrapado en un matorral justo cuando Abraham necesitaba desesperadamente un sacrificio "sustitutorio".

- Al elegir a Jacob, el hijo segundón, como el que se convertiría en el fundador de la nación de Israel. Y al cambiar su nombre de uno que significa "suplantador" o "usurpador" a otro que significa "Él ha luchado con Dios".

- Cuando Jacob le regaló a José una hermosa y especial túnica que significaba favor, a pesar de que José era el hijo menor en ese momento.

- En los detalles de la primera Pascua de los israelitas, en la que la sangre de un cordero perfecto y sin mancha sobre los postes de las puertas de un hogar extendía el don de la vida.

- En los detalles del ritual del Día de la expiación (Yom Kippur), en el que el sacerdote inspeccionaba el *sacrificio* en busca de defectos, no a la *persona* que traía el sacrificio.
- En las instrucciones de Dios al profeta Oseas, en cuanto a que tomara como esposa a una mujer profundamente inmoral, y volver a tomarla después de que ella lo abandonara y le fuera intensamente infiel.

La gracia está en las parábolas de Jesús. Y satura los escritos de Pablo que, por cierto, no aprendió la verdad del evangelio por otras fuentes. La recibió directamente de Cristo por revelación y visitación divinas (ver Gálatas 1:12).

Fue para hacer posible un estilo de vida libre para usted que Jesús lo liberó. Queda, por tanto, un descanso sabático para usted y para mí. Uno en el que hemos dejado nuestro laborioso esfuerzo por ganar, merecer u obtener nuestro lugar en la mesa del Padre.

Así como había *dos* árboles en el jardín, y así como el padre de la parábola de Jesús tenía *dos* hijos... hay *dos* opciones para vivir la vida cristiana. Una crea una vida de lucha, sudor, fracaso, condenación, vergüenza y distancia de Dios. La otra crea una vida de libertad, fe, fecundidad y comunión con un Padre amoroso.

La primera podría caracterizarse como "Gracia más..." o "Gracia y..." o "Gracia pero...". Sin embargo, la segunda es la que le recomiendo de todo corazón. Es...

Gracia, punto.

NOTAS

1. Charles Spurgeon, "La muerte de Cristo por su pueblo", www.
   kingdomcollective.com.
2. James Strong, *Concordancia exhaustiva de la Biblia de Strong*, edic
   actualizada (Hendrickson Academic).
3. James A. Swanson, *Diccionario de lenguas bíblicas: Griego*, segunda e
   (Logos Research Systems, electrónico/digital).
4. James Swanson, *Diccionario de lenguas bíblicas: Griego; Nuevo Testame*
   (Logos Research Systems, electrónico/digital).
5. John Sheasby con Ken Gire, *La primogenitura: Out of the Servants' Quart*
   the Father's House (Zondervan).
6. Dudley Hall, *Huérfanos ya no más: aprender a vivir amados* (Kerygma Ventu
   Press).
7. Kris Vallaton, *Los caminos sobrenaturales de la realeza* (Destiny Image
   Publishers).
8. David Holland, *Praying Grace: 55 Meditations and Declarations on the Finished*
   Work of Christ (Broadstreet Publishing).
9. Andrew Owen, *Gracia astronómica: La historia más grande jamás contada*
   (Breakfast for Seven Publishing).

Te invitamos a que visites nuestra página web, donde podrás apreciar la pasión por la publicación de libros y Biblias:

www.casacreacion.com

Para vivir la Palabra